Jacques Pessis

W0202748

TRENET

HORS-CHANT

Kennes
Société

Kennes
Éditeur
de coups de cœur

Retrouvez-nous sur www.kenneseditions.com

Rejoignez-nous sur notre page Facebook :
www.facebook.com/KennesEditions
Suivez-nous sur notre compte Instagram :
kenneseditions

© Kennes, 2021
Rue de la Blanche Borne 15
6280 Gerpinnes (Loverval) – Belgique

Illustration de couverture : © Antonio Lapone
ISBN : 978-2-3807-5232-8
NUART : 15-0581-6
DÉPÔT LÉGAL : février 2021 - D/2021/13.105/19

Imprimé en Europe. Tous droits réservés.

À Sophie, Manon, Jeanne,
Sacha et Hercule, grâce à
qui « Y'a d'la Joie ! » n'est pas
seulement une chanson.

TABLE DES MATIÈRES

1.

Le Trenet connu de tous

En 70 ans de carrière, de 1931 à 2001, Charles Trenet a écrit, composé et enregistré plusieurs centaines de chansons. Quelques-unes d'entre elles, à commencer par « La mer », « Que reste-t-il de nos amours? » ou « L'âme des poètes », ont fait le tour du monde. Quant à « Y'a d'la Joie ! », elle figure, en bonne place, dans les cours de chant des écoles primaires qui portent son nom. Des rues, des places, des avenues, et même une aire d'autoroute voisine de sa chère Nationale 7, l'immortalisent également. « Il a fait descendre la poésie dans la rue », a écrit Jean Cocteau, en 1938, dès les débuts d'un « Fou chantant » pas si fou que sa légende le prétend. Il a eu le génie d'être le premier, en France, à marier les mots et le swing. C'est ainsi qu'en un soir de mars 1938, à l'ABC, le plus couru des music-halls des Grands Boulevards, il est devenu l'idole des jeunes. Cette jeunesse du cœur est demeurée, jusqu'au bout, son art de bien vivre. Son répertoire a évolué, mais sa devise n'a jamais changé : « C'est si gentil d'être simple, et c'est si simple d'être gentil. »

Et pourtant, ce n'était pas si simple d'ouvrir une nouvelle voie dans une chanson française populaire où la goualante et les paroles sirupeuses sont reines tandis que le swing et le jazz sont encore considérés, par certains, comme une musique de sauvages. Il y est néanmoins parvenu, presque naturellement, instinctivement. Sa route enchantée est devenue le parcours obligé de plusieurs générations d'auteurs, de compositeurs et d'interprètes, qui le considèrent comme un père très spirituel. La vocation d'Alain Souchon est née en écoutant « Il y avait des arbres ». « Sans lui, nous serions tous des comptables », a déclaré Jacques Brel, dont les premiers couplets, à commencer par « Il peut pleuvoir », auraient pu être « du Trenet ». « Je fais mes chansons comme un pommier fait des pommes », a confié Charles, un soir, à Georges Brassens qui venait de lui fredonner « Au pied de mon arbre, je vivais heureux », en précisant qu'il connaissait par cœur la plupart de ses autres couplets. Et Trenet? A-t-il été vraiment heureux? À le voir sourire à 20 ans comme le soir de ses 80 printemps, sur la scène de l'Opéra-Bastille, à la télévision ou sur des photos en noir et blanc, on imagine qu'il fut le premier à savourer un bonheur dont il aura été le plus joyeux et le plus fidèle des ambassadeurs. Ce parcours en forme de ciel aussi bleu que ses yeux a toutefois été assombri par quelques nuages. Des rumeurs ont circulé et circulent encore à son propos. Il s'est fait un devoir de ne jamais y répondre. « La vérité sort de la bouche du métro », a-t-il simplement déclaré un jour à un journaliste, avec un sourire affable. Ce qui coule de source pour celui que beaucoup considèrent comme le La Fontaine du XXe siècle...

2.

Mon Trenet hors-chant

« Allo, Jacques, c'est Charles. Si vous êtes libre, venez déjeuner, ce sera charmant ! »

Il est 11 heures précises, en ce milieu des années 90. Ce message sur mon répondeur donne le signal de départ d'une journée exceptionnelle. Une de plus, à l'image de celles que je vis intensément, quand Trenet me propose de me joindre à sa petite bande d'amis pour un déjeuner de plusieurs heures, voire plus, si affinités intellectuelles. Car si le rendez-vous est fixé à 13 heures, bien entendu précises, le terme des agapes n'est jamais prévu à l'avance. En fonction de l'humeur et de l'humour du jour, elles s'achèvent rarement avant l'heure où le soleil devrait, dixit le poète, avoir rendez-vous avec la lune. Pendant ces instants hors du temps, on parle de tout, rarement de rien. Et surtout, on écoute Charles raconter, avec une mémoire qu'il qualifie de « gênante », le siècle qu'il a eu le privilège de traverser. Les anecdotes fusent : la première rencontre avec Jean Cocteau dans son appartement de la rue Montpensier, près du Palais-Royal, la radinerie de Mistinguett, les échanges téléphoniques avec Laurel et Hardy riant au simple énoncé de son nom, les week-ends de son adolescence dans la campagne berlinoise avec Marlene Dietrich, les déjeuners avec Henri Bergson, Albert Einstein ou Salvador Dali, son copain de Perpignan. Il raconte les dernières histoires drôles qu'on lui a rapportées, improvise des formules qui, lâchées dans la nature, deviendront des bons mots, invente un début de chanson qui, la plupart du temps, restera sans suite. On boit ses paroles tandis qu'il termine un énième verre de vin rouge, indispensable pour le comparer à ce rosé et ce blanc qu'il a goûtés avant de commencer à dévorer un hors-d'œuvre, un plat de résistance qui ne lui a pas résisté longtemps, et un millefeuille dont il a soigneusement vérifié le nombre avant d'en couper une seule. « Pour rester en bonne santé, je ne mange qu'une fois par jour », précise-t-il, avec une gravité dont il n'est pas dupe. « Le cigare ayant fumé tout l'été se trouva fort dépourvu lorsque la cendre fut venue », soupire-t-il, en tirant une dernière bouffée d'un cigarillo qui donne encore un meilleur goût aux alcools concluant cette fête du palais et de l'esprit. « Il ne faut pas prendre ma vessie pour une lanterne », ajoute-t-il à l'instant de pauses-pipi que les circonstances rendent aussi régulières qu'indispensables. Quand il rejoint sa table, ce besoin naturel satisfait, les serveurs lui jettent un regard interrogatif. Quand va-t-il demander l'addition et s'en aller enfin ? À la Brasserie Lipp, on l'a surnommé « Monsieur Poubelle », à force de le voir quitter enfin la salle, juste avant le passage des éboueurs. Je n'ai jamais oublié le regard noir de ce maître d'hôtel lorsqu'il l'a vu entrer Chez Félix, un restaurant cannois aujourd'hui disparu. J'ai lu dans ses yeux : « Trenet arrive ! On est bien parti pour des heures supplémentaires ! »

Je dois mon entrée dans le cénacle très fermé de ce philosophe du bonheur à Henri Weil, un industriel du prêt-à-porter, dont une rue de Besançon, sa ville natale, porte aujourd'hui son nom. Il est un élément essentiel dans la « galaxie Trenet ». Il fait partie de cette génération qui voue, depuis l'adolescence, une admiration sans bornes ni limites pour le « Fou chantant ». Au lendemain de la guerre, elle s'est transformée en une amitié qui s'est poursuivie jusqu'à leur disparition, en 2001, à trois semaines d'intervalle. Tous deux n'ont jamais cessé d'assurer que lorsque tout va mal, quand tout est gris, quand tout semble s'acharner contre vous, il faut continuer à afficher un perpétuel émerveillement devant les choses de la vie, comme la fraîcheur d'une rose, ou l'éclat d'un sourire.

Mon amitié avec Henri Weil s'est forgée dans les coulisses de ces concerts que nous ne manquions sous aucun prétexte, en comptant, le cœur battant, les jours qui les précédaient. Un soir, Charles chante à Besançon. Henri, le « régional de l'étape » comme on dit dans le Tour de France, organise chez lui le souper d'après-spectacle. Trenet, venu vers minuit, simplement pour boire une bière, va finalement se laisser tenter par l'idée d'avaler un « petit morceau », mais pas plus. Henri, qui connaît la réalité de l'appétit du poète, a pris ses précautions en faisant préparer par Monique, sa femme, un banquet digne de Rabelais. C'est ainsi qu'après avoir goûté et repris de tout, Trenet va quitter la table, vers neuf heures du matin, en protestant parce qu'on s'en allait déjà !

De ce premier festival de bons mots et d'anecdotes dont il avait le secret, est née ce qu'en toute immodestie, je considère comme une véritable fraternité. Et pas seulement parce qu'il m'a un jour dédicacé un livre en me baptisant « son petit frère en écriture ». C'était dans ces années 80/90, marquées par des nuits délirantes où l'on s'éclatait, comme disaient celles et ceux qui, 20 ans auparavant, n'avaient pas connu le temps des boums. Chroniqueur parisien, j'ai souvent observé, en direct, ces moments de folie, en particulier dans les sous-sols des discothèques à la mode, l'Élysée-Matignon ou le Palace. Ces fêtes, aussi superficielles que futiles, m'ont fait encore plus savourer celles du palais et de l'esprit, autour du premier géant de la chanson française, le dernier ogre d'un temps où l'on dévorait à pleines dents une vie faite de partages. Les proches de Joseph Kessel, Orson Welles ou Rabelais ont sans doute connu, voici trop longtemps, ces instants où les dialogues étaient réels plutôt que virtuels. Ce n'était pas l'ère d'internet, mais plutôt celle d'inter-Trenet...

Ces échanges avaient toutefois des limites. Quand l'un ou l'autre d'entre nous tentait de lancer la conversation sur des sujets que Trenet ne voulait pas aborder, il répliquait par une boutade et, l'air de rien, changeait immédiatement de sujet.

Un soir de 1991, vers 20 heures, après que les convives, incapables de tenir son rythme, avaient déserté la table du déjeuner, je me retrouve en tête-à-tête avec lui. Je décide alors de tenter l'impossible. Je lui demande, timidement, de m'éclairer, ne serait-ce que légèrement, sur ce que certains ont appelé ses « zones d'ombre ». Il me regarde dans les yeux, avale une gorgée de son troisième ou quatrième cognac, avec du sucre dedans – pour éviter l'ulcère – et, après un court silence, commence à me confier ses vérités sur quelques-unes des rumeurs qui ont couru à son propos. Je comprends qu'il s'agit d'une dérogation exceptionnelle à sa pudeur naturelle. Il a envie de raconter. Quelques minutes lui suffisent pour se montrer aussi crédible que convaincant. La guerre, la prison, ses amours... Plus il parle, plus sa gorge se serre. La mienne ne vaut guère mieux. Il finit par se taire. Il baisse le rideau. Il n'en dira pas plus, ni à moi, et encore moins à d'autres... « À quoi ça servirait ? soupire-t-il, j'ai 81 ans, c'est si loin tout cela ! » Il se fout complètement de sa postérité, de ce que, plus tard, on dira de lui. L'expression « fake news » n'existe pas encore, mais je suis convaincu que s'il était parmi nous aujourd'hui, il se ferait un devoir de ne jamais l'employer.

Ce soir-là, j'ai compris qu'en dépit du privilège que sa confiance me confère, je n'aurai jamais accès à son jardin secret extraordinaire. Même longtemps, longtemps après que le poète a disparu...

3.

Le trésor de l'ami belge

Le colis posté à Bruxelles est arrivé chez moi, un matin. Je ne sais pas encore que ce gros carton va en faire un, au plus profond de mon cœur et de mon âme. À l'intérieur, je découvre des photos, des affiches, des programmes de concert, des articles, des cartes postales, et des mots manuscrits d'une écriture que je reconnaîtrais entre 100 000 : celle de Trenet. Il y a également des lettres manuscrites de Marie-Louise, la mère du poète, adressées à Julot, mais aussi à Charles. Il y a enfin des missives d'Antoine, le frère aîné du poète, dont je n'avais jamais vu l'écriture. Elles figurent au milieu de ce que je considère comme un véritable trésor, et pas seulement parce que cet ensemble se rapporte à un chanteur qui a du coffre. Je suis stupéfait. Je n'ai jamais vu la plupart de ces documents ! Et je ne suis sans doute pas le seul ! Un mot d'explication particulièrement touchant accompagne ces raretés. Parce qu'elle partage mon admiration pour le chanteur, mais aussi pour l'homme, Madeleine Verbeeck a décidé de me confier les archives du Club des Amis de Charles Trenet en Belgique, fondé par Julot Verbeeck, son mari, disparu en 2012, à 92 ans.

Des liens professionnels et amicaux tissés depuis plusieurs années avec la Belgique m'ont initié à la culture du pays, dans tous les sens du terme. Je connais, bien entendu, le nom de Julot Verbeeck. Dans les coulisses du monde du spectacle, il est une légende, une « épée » comme faisait dire Michel Audiard à Bernard Blier lorsqu'il parlait du « Dabe », le truand joué par Jean Gabin, dans *Le cave se rebiffe*.

Pionnier du monde de la communication au lendemain de la dernière guerre, Julot Verbeeck a institutionnalisé en Belgique le métier d'attaché de presse. Tous les communicants d'aujourd'hui le considèrent comme un maître. À Bruxelles, à Forest National, à l'Ancienne Belgique, au Cirque Royal, où il a fait venir le Cirque de Moscou et le clown Popov, au Théâtre des Galeries et, enfin, au Théâtre Royal de la Monnaie, il a côtoyé Annie Cordy, débutante, Édith Piaf, Jacques Brel, Johnny Hallyday, Sylvie Vartan, Claude François, mais aussi Maurice Béjart, et surtout Charles Trenet dont il est devenu beaucoup plus qu'un fan : un ami, un vrai, « l'ami belge ».

Tout commence au début de l'été 1938. Julot a 17 ans quand, pour le récompenser de quelques bonnes notes à l'école, sa mère lui offre la possibilité d'en écouter beaucoup d'autres. Elle lui achète une place à l'Alhambra, la salle la plus prestigieuse, au temps où Bruxelles chantait, comme le dit Jacques Brel dans ses couplets immortels. Dans les années 20, Mistinguett et Maurice Chevalier y ont mené des revues entourés de 180 danseuses. Le décor est beaucoup plus minimaliste quand le « Fou chantant », célèbre depuis quelques mois à peine, se produit pour la première fois en Belgique. Assis au premier rang, l'adolescent découvre « Fleur bleue », « Pigeon vole », « Je chante », « Y'a d'la Joie ! »... Fasciné, il plonge dans un univers, une poésie, un swing qui vont désormais rythmer sa vie. À la sortie, tandis que les fans s'amoncellent devant l'entrée des artistes avec l'espoir d'un autographe, il se glisse discrètement près de la loge du concierge du théâtre. Quand Trenet passe devant lui, il ose l'aborder pour, simplement, le remercier. Charles, que la performance scénique n'a visiblement pas fatigué, prend le temps de lui répondre. C'est ainsi que débute une conversation qui va se poursuivre pendant plus de six décennies.

Quelques semaines plus tard, avec la complicité d'un groupe de copains de classe aussi fans que lui, il crée, à Bruxelles, le « Charles Trenet Club ». Les adhésions, aussi nombreuses qu'enthousiastes, encouragent Julot à imaginer des rendez-vous musicaux. Le 7 mai 1939, un premier thé dansant est organisé au Palais des Beaux-Arts, dans la salle des Ambassadeurs. Tony Young et son orchestre assurent l'animation. Beaucoup d'autres vont suivre, le week-end, mais aussi parfois en semaine. Le 13 avril 1941, la section créée ce jour-là à Liège lance des après-midis musicaux qu'un dépliant publicitaire annonce ainsi : « Une ambiance essentiellement jeune, joyeuse, franche, spontanée où vous ne rencontrerez que des visages souriants, une saine gaieté. » En pleine guerre, ces moments représentent un coin de ciel bleu, une oasis pour un public qui considère le « Boum » de Trenet comme un message de paix.

Cette activité bénévole, à laquelle l'occupant ne prête pas la moindre attention, représente pour Julot la couverture idéale. Il est en effet entré en résistance. Arrêté en 1944, puis déporté en Allemagne, il parvient, par miracle, à échapper au pire. Libéré, il retrouve sa terre natale. Quelques jours seulement après son retour, il apprend que Charles Trenet donne un récital dans un music-hall, aujourd'hui disparu, le Bœuf sur le toit, près de la porte de Namur. Chaque soir, de charmantes et grandes jeunes femmes couvertes de plumes et d'aigrettes mènent la revue. C'est dire si, en dépit d'une enseigne commune, le lieu n'a rien à voir avec le cabaret des Champs-Élysées fréquenté, dans les années 30, par l'intelligentsia et les oiseaux de nuit. À Paris, l'animation est assurée par des musiciens de jazz qui inventent, sans le savoir, une expression devenue populaire : ils se retrouvent sur une scène minuscule pour improviser, pour ce qu'ils appellent « faire un bœuf ». Trenet évoque cette anecdote lorsqu'il retrouve Julot avant un spectacle proposé, comme le précise le programme, « malgré les difficultés du moment ». Accompagné par son pianiste habituel, Léo Chauliac, il a prévu d'interpréter ce qu'il annonce comme « ses dernières nouveautés » : « Papa pique », « Si tu vas à Paris », « Bonsoir jolie Madame » et surtout « Que reste-t-il de nos amours ? » qu'il vient à peine d'enregistrer. En coulisses, il en fredonne un couplet, en avant-première pour son jeune « ami belge » dont l'état de santé ne manque pas de l'inquiéter. Il a beaucoup maigri et ne parvient pas à se remettre, physiquement et moralement, du calvaire qu'il a vécu. Charles l'interroge sur ses projets : il n'en a pas un seul, il est sans travail. La réponse est immédiate : Julot ne peut pas rester comme ça ! Il lui propose de devenir son secrétaire, à partir de maintenant et jusqu'à ce qu'il trouve un emploi digne de son talent d'organisateur et de communicant.

C'est ainsi que Julot va vivre pendant près de deux années entre Bruxelles et la maison du poète, à La Varenne Saint-Hilaire, à proximité de Paris. Il reprend des forces dans une chambre mansardée dont la fenêtre donne sur la Marne et l'Île d'Amour, évoquée dans « Retour à Paris », où Mistinguett possède une petite maison où elle ne vient presque jamais. En revanche, Marie-Louise Caussat, la mère de Charles, passe une partie de son temps à La Varenne. Elle sympathise immédiatement avec le jeune homme. Elle a instinctivement compris qu'il éprouve pour son fils une « authentique amitié désintéressée ». Il n'a donc rien à voir avec d'autres copains de son grand rejeton, qu'elle qualifie de « bande d'escogriffes » dans l'une des nombreuses lettres qu'elle adresse à Julot, entre 1945 et le début des années 60. Ces courriers rédigés d'une traite, sans la moindre rature, et à la plume, sont paradoxalement des documents de poids. À leur lecture, je n'ai rien découvert de compromettant. En revanche, j'ai eu la conviction que le vrai scandale serait de ne pas profiter de ces confidences et réflexions pour écrire la biographie que Charles aurait dû s'autoriser. Il ne s'y est jamais attelé, sans doute parce que son futur l'intéressait beaucoup plus que ce qu'il avait déjà (bien) vécu, mais aussi parce qu'il n'était pas du genre à lever un coin du voile quand le rideau de scène se refermait. Par discrétion, par pudeur, même pendant ses jours sombres, il a toujours veillé à conserver soigneusement le masque de joie du « Fou chantant ». Cela lui a permis de demeurer fidèle à sa philosophie du bonheur : la vie est un rêve, et elle est traversée de temps à autre par un cauchemar qu'il faut prendre le temps de digérer, afin que le rêve recommence. Cet homme d'esprit à l'éternelle âme d'enfant a ainsi dissimulé aux autres un visage triste qu'il ne voulait jamais montrer en public, ni même découvrir dans un miroir. J'en veux pour preuve sa réaction lorsqu'un jour des années 80, le journaliste Pierre Bouteiller lui a demandé s'il était une question qui le mettrait dans l'embarras. Du tac au tac, il a répondu : « Qui êtes-vous, Charles Trenet ? » Était-ce l'une des pirouettes dont il était familier, lorsqu'il avait décidé de mettre un terme à une interview ? Je ne le pense pas. Je suis même convaincu qu'il était sincère. L'espace d'un instant, il avait enfin tombé le masque.

Vingt ans après son départ vers ces étoiles qu'il a si souvent chantées, il est temps, me semble-t-il, de répondre à une question qu'il serait pompeux de qualifier d'existentielle. Avec affection, admiration, mais sans la moindre concession. Les pages qui suivent ne constituent donc pas une hagiographie qui s'ajouterait inutilement à une gloire dont il se préoccupait aussi peu que sa postérité. Mon objectif est justement de faire preuve d'objectivité en vous racontant le vrai Charles, celui qui, par pudeur, a emporté avec lui des zones d'ombre que les archives de l'« ami belge » me permettent enfin d'éclairer. Un Trenet « hors-chant », avec son génie, ses blessures morales que sa mère, infirmière pendant la Première Guerre mondiale, n'est jamais parvenue à guérir, et surtout, ses défauts caractériels. Il n'en manquait pas, fort heureusement. Car, comme il le disait lui-même, la perfection, c'est la mort...

4.

Marie-Louise, la conseillère de l'ombre

Dans la famille Trenet, je demande donc... Marie-Louise, la mère ! Elle est une carte maîtresse, dans tous les sens du terme. « Elle est un peu dominatrice », a confié Charles dans l'une des rares confidences à son propos, avant d'ajouter, « nous sommes comme deux vieux camarades. Elle a un très bon jugement, mais discuter avec elle n'est pas facile, car j'ai toujours tort ». Dans les lettres qu'elle adresse à Julot Verbeeck, Marie-Louise avoue « l'immense et tendre affection » qu'elle porte à son « cher et insupportable garçon » quadragénaire qu'elle continue à appeler « Petitou », comme quand il avait cinq ans. D'ailleurs, pour elle, il n'a jamais vraiment grandi. Pendant des décennies, dans son esprit, il va demeurer « le petit dernier » qu'il faut protéger, couver. Quand il est à bord d'un avion pour aller chanter à l'étranger, ou lorsqu'il bondit dans sa voiture pour traverser la France, elle s'inquiète. Elle craint toujours qu'il lui arrive quelque chose. Elle ne cesse de faire des recommandations à son « petit coquin ». Elle lui donne des conseils de prudence, auxquels, exaspéré – ce qui peut se comprendre –, Charles ne manque pas de répliquer, sans prendre de gants. Le ton peut monter très vite et très haut lorsqu'il se met en colère, pour des raisons qu'il est souvent seul à connaître. Incapable de se contrôler, il devient violent et peut casser tout ce qui est à portée de sa poigne, des assiettes aux tables en passant par les chaises. Tandis que les murs tremblent, il sort en claquant la porte, puis revient trois jours plus tard, sourire aux lèvres, comme si rien ne s'était passé. La plupart du temps, Marie-Louise, philosophe, laisse passer l'orage. Elle sait que dans cette comédie, elle joue le rôle du « petit parapluie qui reçoit l'averse » quand son grand garçon a besoin de quelqu'un sur qui déverser sa colère, de quelqu'un capable de calmer sa mauvaise humeur. Un jour où la foudre est tombée sur elle un peu plus fort que d'habitude, elle s'exclame : « Mais Charles, tu es un monstre ! » La réplique est aussi immédiate que cinglante : « Je suis ton fils ! »

Les altercations se produisent parfois devant des témoins. Plusieurs d'entre eux m'ont rapporté ce moment surréaliste qu'ils ont vécu, en direct, le 9 avril 1975, une heure avant la première des récitals d'adieux de Charles à l'Olympia. Il se prépare tranquillement dans sa loge, en bavardant avec des amis qui s'apprêtent à sortir, afin de le laisser se concentrer. Marie-Louise déboule et, sans même saluer l'assistance, demande sèchement à son rejeton s'il n'a pas oublié de prendre ses pastilles pour la gorge. Charles, abasourdi, hésite un instant avant de s'exclamer : « Mais enfin, maman, j'ai 62 ans. Je suis assez grand pour savoir ce que j'ai à faire ! » Elle sort en bougonnant. Pour la forme. Elle se rend compte, a posteriori, qu'elle a peut-être été maladroite. Des décennies de concerts n'ont jamais fait perdre à Charles ce trac dont souffrent les artistes avant d'entrer en scène. Il est, disent certains, un signe de talent. Lorsqu'on se trouve dans cet état, le moindre mot de trop peut déclencher une tempête. Marie-Louise oublie donc rapidement l'incident. Comme d'habitude. Elle pardonne tout, depuis bien longtemps, à celui qui peut devenir encore plus fou à la ville qu'à la scène. Il est toutefois certaines limites qu'il ne doit pas franchir. Un soir de novembre 1946 où il a, semble-t-il, largement dépassé les bornes, elle prend sa plume pour lui adresser une longue lettre qu'elle dit « ne pas avoir écrite les pieds en l'air et la tête en pirouette »... « Je te sais meilleur que tu le parais. Je sais qu'il y a une partie de toi qui ne pense pas les malices et les injustices que tu me fais. En revanche, l'autre partie, faite de tes nerfs et de l'impulsion de ta colère, le pense vraiment à cet instant, mais le regrette ensuite ».

Elle lui reproche aussi des caprices qui ne sont plus de son âge et qui nuisent à son image, voire à sa carrière. Elle manifeste ainsi son désaccord lorsqu'au milieu des années 60, il décide, sur un coup de tête, d'annuler des concerts prévus dans quelques villes de France, mais aussi une tournée au Brésil, parce que les dates choisies correspondent à un hiver qu'il préfère vivre sur la Côte d'Azur plutôt qu'à Rio, où il fait trop chaud. Au début de l'année 1964, elle se déchaîne haut et fort contre ce qu'elle considère comme une faute qui peut lui coûter très cher, dans tous les sens du terme. Un matin, elle apprend sa décision de ne pas renouveler son contrat avec Pathé-Marconi, la maison de disques avec laquelle il travaille depuis ses débuts. Il est très mécontent de la vente des 45 et 33 tours enregistrés depuis trois ans. À l'inverse de tous les autres, ils sont passés quasiment inaperçus. Le succès des yé-yé y est sans doute pour quelque chose, mais pas seulement. Il décide d'aller voir ailleurs et prend des contacts avec une concurrence où cela tournera peut-être plus rond. Eddie Barclay, alors considéré comme le roi du microsillon, l'invite à déjeuner chez lui, avenue de Friedland. Entre deux bouchées d'un repas gastronomique, accompagné de grands crus, on parle affaires. Un plan de promotion aussi somptueux que le repas est élaboré. Le prochain album sera l'événement de l'année. Il promet d'utiliser ses réseaux, c'est-à-dire les liens que ses équipes entretiennent avec les programmateurs des trois radios que les Français écoutent, Radio Luxembourg – qui s'apprête à devenir RTL –, Europe n° 1 et France Inter. Son disque sera diffusé deux fois par jour. Non, trois, et même peut-être cinq. Il deviendra numéro un au hit-parade, devant Johnny, Sylvie, Sheila, Françoise et tous les autres. Une campagne d'affichage annonçant ce « transfert » historique complètera l'ensemble. Charles ne dissimule pas son enthousiasme ! Avant le pousse-café et les cigares, l'affaire est réglée et le contrat moralement signé. Les prochaines chansons, ce sera chez Barclay ! « Il t'a fait des promesses qu'il ne tiendra jamais, hurle Marie-Louise, qui s'est renseignée. Il fait le coup à tout le monde. Dès que tu as signé, tu ne l'intéresses plus. Tu verras que j'ai raison ! »

La dispute qui suit est mémorable. Charles part en claquant la porte. Il va reconnaître, beaucoup plus tard, non sans mal, qu'elle n'avait pas tort. L'album sorti en 1966 où figurent, entre autres, d'excellentes chansons comme « Rachel dans ta maison », « Chante le vent », et « La tarentelle de Caruso » va demeurer encore plus confidentiel que ceux qui sont à l'origine du départ de la maison-mère. Maman avait donc raison quand elle lui a conseillé de rester à la maison.

Même s'il ne l'avoue pas, Charles craint, de la part de sa mère, des réactions dont, quelque part, il a hérité. Un soir, elle annonce que le lendemain matin, elle quittera Narbonne pour passer quelques jours chez son fils cadet, et demande qu'on lui prépare la chambre qui lui est traditionnellement réservée. Panique à bord ! Dans la minute, Charles, qui doit s'absenter pendant 48 heures pour un tournage de télévision, demande à son valet de chambre d'acheter plusieurs bouteilles de Martini rouge. Il lui donne pour mission de saouler Marie-Louise avec ce vermouth qu'elle affectionne. Il ne voit pas d'autre solution pour éviter qu'elle découvre trop vite que, sans son accord, il a fait repeindre en noir la salle de bains du pavillon qui lui est réservé dans le jardin. Si elle s'en rend compte, elle va entrer dans une colère encore plus noire que la pièce, et lui passer un savon...

5.

Pension obligatoire

Le vendredi 25 mars 1938, Marie-Louise est dans les coulisses de l'ABC et vit pleinement, la gorge serrée, l'instant précis où Charles entre dans l'histoire. Elle essuie une larme lorsqu'elle mesure l'hystérie collective qui s'empare d'une salle où plus de mille voix ne cessent de rappeler son fils en hurlant « le fou, le fou, le fou ! » En quelques secondes, un film défile dans sa tête. Celui des trois dernières semaines...

Retour, donc, en arrière. Nous sommes le vendredi 4 mars, très exactement. À l'Européen, un music-hall de la place Clichy, Charles passe une audition devant Armand Castille, le maître des lieux. Dès la fin de la première chanson, après les remerciements d'usage, il prend à part Raoul Breton, l'éditeur des chansons de Trenet. Il n'est pas content du tout. Il lui avait assuré que l'auteur-compositeur-interprète qu'il allait lui présenter était un prodige, un surdoué, un novateur. Il ne partage absolument pas son avis. Ce n'est pas sur une scène que devrait se produire ce jeune homme, mais à l'intérieur d'un cabanon. Il ajoute que s'il a besoin d'un nom, il peut lui indiquer celui d'un ami médecin qui travaille à Sainte-Anne...

Raoul Breton ne se décourage pas pour autant. Armand Castille n'a visiblement rien compris à la chanson de demain. Qu'il reste dans les mélopées d'hier. Il va rapidement disparaître avec elles. Le soir même, Raoul Breton prend contact avec Mitty Goldin, qui préside aux destinées de l'ABC, ce music-hall des Grands Boulevards, dont il a fait « le théâtre du rire et de la chanson ». Il affiche complet tous les soirs avec une programmation qui change toutes les deux à trois semaines. À des têtes d'affiche se mêlent des artistes à la notoriété moindre, et des débutants qui pourraient devenir célèbres. Depuis l'ouverture en 1934, il a ainsi donné leur première grande chance à Tino Rossi, Édith Piaf et quelques autres. Charles Trenet, maintenant? Pourquoi pas? Il l'a vu sur scène, en duo avec Johnny Hess, et a été frappé par son style et son énergie. Il a du talent, c'est certain. Il dégage quelque chose, mais quoi? Pour le savoir, il ne voit qu'une solution, la plus simple : l'inscrire dans un prochain programme. Il lui reste justement une place dans celui qui débute le 25 mars. Il peut lui offrir dix minutes, soit trois chansons, en première partie de Lys Gauty, la « reine de la goualante ». Et on verra ce que ça donne! Raoul Breton accepte, en se disant que si ce qu'il imagine se produit, le temps imparti sera largement dépassé.

C'est exactement ce qu'il se passe, en neuf chansons au lieu des trois initialement prévues. À l'entracte, les professionnels et le public sont unanimes. Une nouvelle chanson française vient de naître. Elle renvoie aux calendes grecques, et même largement avant, les couplets sirupeux et les mélodies arythmiques qui ont fait les beaux soirs des cafés-concerts et de la TSF naissante. De son côté, Jean Cocteau, inconditionnel de Charles depuis ses débuts, déclare que la poésie vient de descendre pour la première fois dans la rue. « Je pense depuis toujours, ou presque, qu'elle ne doit pas être réservée à un cénacle », confirme Charles aux journalistes qui l'interrogent sur un triomphe que personne n'imaginait, sauf Raoul Breton, et Marie-Louise, même si, sans doute par superstition, elle n'avait jamais abordé le sujet directement. Elle le pressentait depuis longtemps, mais sans savoir exactement quand « l'événement » allait se produire.

L'originalité du talent de son fils, elle la mesure depuis ses très jeunes années. Elle se souvient encore de ce jour où elle a surpris l'enfant de quatre ans en train de chanter, en zozotant, « ce qu'il inventait ». Quelques années plus tard, elle l'a vu commencer à transformer en quatrains les rêves qu'il lui racontait. Elle se doit toutefois d'ajouter un bémol à son enthousiasme. Un bémol majeur, même. Elle sait, mieux que personne, combien Charles est capable du meilleur comme du pire. Il suffirait d'une bourde, d'un mauvais choix ou de l'un de ces caprices dont il est coutumier pour que son étoile s'éteigne aussi vite qu'elle a commencé à briller. Elle prend donc la décision irrévocable de ne jamais hésiter à lui dire ses quatre vérités, et même quatre fois plutôt qu'une !

C'est ainsi que, dans les mois qui suivent, lorsqu'elle se retrouve en tête-à-tête avec son rejeton, elle se lance dans de longues phrases qui débutent systématiquement par « si j'ai un bon conseil à te donner... » Charles l'écoute, ou, plutôt, il fait semblant. Fort d'un esprit d'indépendance qui est l'une de ses marques de fabrique, il s'est donné pour règle de faire systématiquement le contraire de ce qu'elle lui recommande. Une fois, deux fois, dix fois... Face à un comportement sur lequel elle n'a décidément aucune prise, elle finit par craquer. Un matin, elle décide de transformer sa formulation, avec l'espoir que le message passe. D'une voix qui tente de se faire autoritaire, elle s'exclame : « Je n'ai pas de conseil à te donner, mais... » « Ça tombe bien, je n'en ai pas besoin », réplique aussitôt son fils.

L'instant de stupéfaction passé, elle éclate de rire. Elle sait que face à son « petit monstre », elle n'aura jamais le dernier mot. Une scène qui s'est déroulée en 1976 dans la propriété de Charles,

« Le domaine des esprits », à Aix-en-Provence, confirme ce rapport de forces. Je n'étais pas présent, mais un enregistrement pirate réalisé grâce à un petit magnétophone placé sous la table et que m'a confié l'un des convives m'a permis de prendre connaissance de certains échanges particulièrement révélateurs. Nous sommes à la fin d'un copieux déjeuner familial, bien arrosé à en juger par le cliquetis des verres que l'on discerne nettement en toile de fond. À près de 90 ans, « Madame Mère » n'est pas la dernière à trinquer à la sortie du 33 tours de son fils préféré. Les brumes de l'alcool ne l'empêchent pas d'être extrêmement claire quand elle parle de celles et ceux qu'elle aime ou déteste. Après avoir dit beaucoup de bien du cuisinier pour cet excellent repas, elle commence à dire du mal sur ce qu'elle considère comme la « petite cuisine du monde des médias ». À l'entendre, Gilbert Bécaud a copié tout le monde, à commencer, bien sûr, par Charles Trenet, le pionnier. Les Carpentier, dont elle regarde les *Numéro Un* le samedi soir à la télévision, ne trouvent guère plus grâce à ses yeux. Visiblement très en forme, elle se déchaîne ensuite contre son propre fils. Elle se lance soudain dans une critique verbale particulièrement violente contre « Il vend des téléviseurs aux paysans », la chanson qui ouvre le nouveau 33 tours du poète, qu'elle a entendu pour la première fois au début du repas. Elle juge les paroles indignes d'un tel poète, et la musique un peu facile. Ce n'est pas du tout l'avis de l'auteur-compositeur qui, excédé, s'exclame : « Mais enfin, maman, Mozart aurait eu une mère comme toi, il n'aurait jamais composé ses symphonies ! » « Ce n'est pas sa mère qui s'occupait de lui, c'était sa cuisinière », réplique sèchement son interlocutrice. Ce qui lui vaut une réponse immédiate et sans appel, qui clôt le débat et la conversation : « Eh bien, il ne mesurait pas son bonheur ! »

Le bonheur ? Elle le définit avec un grand « B », c'est-à-dire dans la construction d'une existence où l'harmonie serait parfaite et durable, dans ce que Dieu nous a offert de plus beau :

la vie. Celle que Charles a chantée : la vie qui va. D'ailleurs, comme son fils, elle demeure résolument positive, en toutes circonstances. Un jour où Julot lui écrit une lettre pour lui confier, amer, la trahison professionnelle d'un ami, elle lui répond en le suppliant de ne pas crier vengeance : « N'ayez pas le cœur gros, ne laissez pas les vilaines pensées envahir votre esprit. N'écoutez pas ceux qui parlent pour vous attrister ou vous décourager. » Charles n'aurait pas dit mieux. Il pense la même chose, ou presque. En accord sur la plupart des grands thèmes de l'existence, les sentiments de la mère et du fils diffèrent toutefois sur un point : plusieurs décennies avant Christophe Maé, Charles s'est interrogé : « Il est où le bonheur ? »

Si, dans son répertoire, figurent des couplets intitulés « Le bonheur ne passe qu'une fois, prenez-le quand il vous tend les bras », il ne le conçoit qu'à travers l'accumulation d'instants éphémères, certes, mais qui le rendent parfaitement heureux. À ceux qui s'étonnent d'une forme de manque d'ambition de la part de l'auteur de « Y'a d'la Joie ! », il répond : « Ne pas être malheureux, ce n'est déjà pas mal. L'absence complète de douleur est un plaisir. »

Le bonheur ? La douleur ? Les a-t-il connus, les a-t-il vécus ? Affichant une pudeur naturelle ou extrêmement bien jouée, il parvient toujours à botter en touche, à changer de sujet, quand on lui pose la question.

Marie-Louise se révèle beaucoup plus diserte sur ce sujet. Dans ses échanges épistolaires avec Julot Verbeeck, elle avoue ne pas avoir été épargnée par les souffrances. « Ma vie n'a pas été toujours facile, assure-t-elle. J'ai parfois les nerfs à fleur de peau, à force d'avoir tiré sur eux à boulets rouges. J'ai connu bien des heurts et tant de peines ! » Son sourire revient quand elle confie que ces blessures de l'existence ont été largement compensées par la réussite exceptionnelle de celui à qui elle a donné la vie le 18 mai 1913, juste après la messe. C'est peut-être pour cela que, tout au long de sa route enchantée, Charles a été béni des dieux. D'ailleurs, ce soir-là, en se penchant sur le berceau du nouveau-né, une voyante aurait assuré à sa mère : « Votre enfant, il n'y en aura qu'un comme lui au XXe siècle. » Devenu adulte, quoi qu'on en dise, Charles n'a jamais confirmé ou infirmé cette légende. De même, lorsqu'un jour, en ma présence, une journaliste québécoise lui a demandé s'il croyait en Dieu, il a répondu, sans même prendre le temps de reprendre son souffle : « En tout cas, Il a cru en moi. Je ne vois pas d'autre explication au destin qu'Il m'a réservé. »

En portant ses vers au plus haut, en vengeant les oubliés, les démunis, ceux que l'on appelle « les poètes maudits », il s'est forgé un destin. « Quel est mon destin ? » Trenet s'est officiellement posé la question, le mardi 24 janvier 1933 en passant l'examen alors obligatoire pour devenir membre de la SACEM, la Société des Auteurs, Compositeurs et Éditeurs de Musique. En quatre pages, rédigées d'une traite en dix minutes alors que le règlement lui accordait deux heures, il a expliqué combien son destin n'était pas « de chanter soir et matin ». Il a un jour décidé, sans la moindre hésitation, de quitter bien des paradis pour suivre des personnages de fortune qu'il a appelés le hasard, la perspicacité, la persévérance, et le talent.

Quelques décennies plus tôt, Marie-Louise s'est sans doute interrogée elle aussi sur sa destinée. Pour d'autres raisons. Enfant, elle se rêve chanteuse lyrique. Née en 1889, à peu près en même temps que la tour Eiffel, elle va vivre une jeunesse sans la moindre note de joie, c'est-à-dire particulièrement monacale. Sa timidité n'a d'égale que sa discrétion, son effacement. Elle a 20 ans à peine quand elle fait la connaissance de Lucien Trenet, un jeune et séduisant notaire, originaire de Perpignan. Ils ont en commun la passion de la musique. Elle joue au piano des airs classiques, tandis qu'il interprète, en s'accompagnant au violon, des chansons catalanes traditionnelles ou des sardanes qu'il a composées. Entre eux, il n'y a pas la moindre fausse note, bien au contraire. Elle tombe sous son charme. Ils se marient. Quelque temps après leur union, le domicile conjugal devient la modeste étude de Saint-Chinian, à une trentaine de kilomètres de Narbonne, que Lucien vient de reprendre afin d'exercer son métier. Épouse dévouée, Marie-Louise apprend sur le terrain le métier de clerc, et commence à seconder efficacement son mari. Elle passe des journées à recopier, à la plume, des actes notariés. Elle élève en même temps Antoine, un fils né en 1909, peu de temps après leur union officielle. Est-elle heureuse ? Pas vraiment. Ce n'est pas la faute de Lucien, à qui elle n'a rien à reprocher, mais de la sienne. Elle s'en veut d'avoir dit « oui » beaucoup trop tôt. Elle n'a pas eu le temps de goûter à cette liberté, à laquelle elle a toujours aspiré sans jamais oser l'avouer. Et puis, elle n'aime guère cette grande maison de Saint-Chinian. À ses yeux, cette bâtisse ressemble plus à une caserne qu'à un cocon familial. Il n'y a ni gaz, ni électricité, mais des lampes à pétrole qui n'éclairent pas sa vie. Elle éprouve un tel sentiment d'étouffement qu'elle finit par craquer. Au début de l'année 1913, quelques semaines seulement avant la naissance de Charles, elle prend la décision de s'en éloigner. Provisoirement, assure-t-elle à son mari. Elle veut que son second fils naisse dans la maison où elle a grandi, à Narbonne. Antoine, quatre ans, sera, bien entendu, du voyage. Le dimanche 18 mai 1913, à 15 heures, Charles Louis Augustin Trenet pousse sa première note : un ré mineur. Deux mois plus tard, Marie-Louise, comme convenu, rejoint le domicile conjugal. La famille se trouve à nouveau réunie pour un quotidien qui se veut sans histoires.

La déclaration de guerre bouleverse ce plan. Mobilisé dès le mois d'août, Lucien va passer quatre années sur le front. Il se bat sur le terrain, échappe à la mort à plusieurs reprises, et parvient miraculeusement à ne pas être fait prisonnier. Lorsqu'il revient, en 1918, il ne reçoit pas l'accueil habituellement réservé aux soldats qui ont contribué à la victoire de la France. Quand ils le rencontrent, presque pour la première fois, ses enfants, qu'il appelle ses petits canards ou ses petits lapins, sont aussi intimidés qu'émus. Marie-Louise, en revanche, ne tombe pas dans ses bras. Car elle s'en est éloignée. Définitivement. Elle en est convaincue. Son cœur bat désormais très fort pour un autre homme. Il s'appelle Benoît Philippe Weinfeld, et exerce la profession de scénariste de films muets, sous le pseudonyme de Benno Vigny. Originaire de Lorraine, au temps où cette région se trouvait sous la coupe de l'Allemagne, il a été mobilisé dans l'armée française en 1914. Touché à la jambe en 1917, il est transporté à Narbonne pour être soigné à l'hôpital de la Cité. Il se retrouve dans un service dont l'infirmière en chef n'est autre que la mère de Marie-Louise. Sa fille, qui a été embarquée dans l'équipe des bénévoles, fait ainsi la connaissance d'un blessé dont le regard, l'originalité et la culture la séduisent immédiatement. Un coup de foudre, ou plutôt un coup de folie ! Il ne se passe que quelques jours et quelques nuits avant qu'elle prenne la décision de divorcer. Elle ignore encore si Lucien survivra à la guerre, mais là n'est pas la question. Elle gérera le moment venu. C'est ainsi qu'à 28 ans, elle plaque tout, à commencer par ses deux jeunes enfants, pour suivre celui qu'elle considère comme l'homme de sa vie, celui qu'elle espérait, qu'elle attendait !

La suite est une histoire d'amour qui s'écrira de Vienne à Berlin en passant par Prague et quelques autres villes d'Europe, et dont Charles et Antoine deviennent les innocentes victimes. « À sept ans, tous les enfants sont en pension », leur explique Marie-Louise, avant de partir pour l'étranger. Cet éloignement, dont elle est la seule responsable, assure automatiquement à son ex-mari la garde de leurs enfants. Elle s'y oppose formellement. Du moins, dans l'immédiat. Elle connaît, mieux que personne, les obligations professionnelles d'un notaire, et, en plus, elle ne sera pas là pour l'épauler. Il n'aura absolument pas le temps de mener à bien sa mission paternelle en assurant, comme il se doit, l'éducation de ses jeunes fils. Il n'est donc pas question qu'ils aillent à l'école primaire de Saint-Chinian. Marie-Louise campe fermement sur ses positions et, à l'issue du bras de fer, Lucien jette l'éponge. Au plus profond de lui-même, même s'il ne l'avoue pas, il partage cette analyse. Il accepte ainsi que les petits aillent en pension pour un an ou deux. Ensuite, on avisera.

La recherche d'un établissement adapté aux circonstances se révèle extrêmement rapide. La meilleure solution, et la plus sûre, c'est la Trinité à Béziers, à une trentaine de kilomètres de Saint-Chinian. Les petits seront pensionnaires dans un lieu où leur éducation sera assurée. L'enseignement est réputé pour sa qualité, mais aussi pour sa rigueur. Cela ne peut faire que du bien, en particulier à Charles, dont le caractère rebelle est déjà bien évident. C'est ainsi qu'à la rentrée 1919, les deux fils Trenet se retrouvent dans ce que Charles appellera « un collège de pères dont nous ne sommes pas les fils, et que nous rêvons d'échanger contre un seul, le nôtre ». On ne les appelle jamais par leurs prénoms – les pères ne veulent pas s'embarrasser à les retenir – mais par des numéros : le 86 et le 77. Cela ne donne même pas envie de les jouer au Loto, même si, selon un slogan célèbre en son temps, ça peut rapporter gros. On peut logiquement penser que, même si Charles n'en a jamais parlé publiquement ou en privé, la blessure morale de cet enfermement ne s'est jamais totalement cicatrisée. Certaines de ses chansons laissent à penser que ces deux années l'ont marqué à jamais. Pendant ces vingt-quatre mois de réelle souffrance, la découverte de la lecture a sans doute constitué pour Charles l'une des rares occasions de s'évader moralement d'une prison où, selon ses propres termes, « l'âge tendre est enfermé par l'âge mûr ». Le père supérieur a ainsi remarqué un jour qu'à la récréation, il avait échangé 12 billes contre un exemplaire du *Cid*. « Ce garçon deviendra un homme de théâtre », a-t-il alors prédit. Il est devenu beaucoup plus que cela...

6.

De Berlin à Montparnasse

Quand Marie-Louise a décidé de quitter son mari, Narbonne et la France, il a été convenu qu'elle reviendrait au moins deux fois par an pour passer du temps avec ses enfants. Le reste de l'année, le contact serait maintenu en permanence grâce à des lettres ou des cartes postales quasi hebdomadaires. Pendant les deux années où il se retrouve « confiné » à Béziers, Charles entretient ainsi une correspondance très régulière avec sa chère « Mamounette ». Il ne lui cache rien, en particulier de son désarroi. Elle lui manque ! La sortie de deux heures avec sa tante Émilie, autorisée tous les jeudis sauf lorsqu'il est collé, ne compense absolument pas l'absence maternelle. Charles compte les semaines, les jours, les heures qui précèdent les fêtes de Noël, mais surtout le mois d'août. Respectueuse de sa parole, Marie-Louise retrouve à ces occasions ses deux garçons. On passe la fin de l'année à Narbonne autour du sapin et une partie de l'été à 20 kilomètres de la maison, à Port-la-Nouvelle évoquée par Charles dans un couplet de « Fidèle ».

Dans ces moments que les enfants considèrent comme un souffle d'air pur, Marie-Louise se montre joviale, souriante, parfois autoritaire. Elle ne laisse toutefois rien montrer d'une nouvelle vie où la réalité du quotidien a pris la place du rêve absolu que représente le coup de foudre amoureux. Loin de cette plage paradisiaque, elle vit l'enfer. Elle se réveille chaque matin avec la crainte de se retrouver sur le sable. Petit à petit, elle a découvert en Benno un homme dont l'imagination est sans bornes quand il s'agit d'écrire, mais aussi de dépenser. Il n'a aucun sens de l'argent et sa fidélité a également ses limites. Marie-Louise ne craque pas. Elle encaisse, parce qu'elle n'a pas la possibilité de faire autrement. Elle lui conserve néanmoins une immense affection et garde l'espoir d'un déclic qui pourrait lui redonner le sens des réalités. Au début de l'année 1929, elle se dit qu'il va peut-être enfin comprendre le sens du mot « économie » quand La Vitagraph, une société de production américaine qui l'employait, met un terme à son contrat et aux émoluments mensuels importants qui s'y trouvaient associés. Les espoirs de Marie-Louise sont déçus. Dans la foulée, il est engagé par une grande firme allemande. Il touche une avance substantielle qu'il dépense aussitôt. C'est ainsi que le couple quitte Vienne pour Berlin. Marie-Louise espère que, grâce à ce déménagement, son mari ne la considérera plus comme un meuble. Ses espoirs sont rapidement déçus. Benno vit comme il l'entend. Il quitte régulièrement le domicile conjugal pendant plusieurs jours, en particulier le temps de longs week-ends, et prend la direction des bords de la mer du Nord. Il précise qu'il sera injoignable parce qu'il doit travailler intensément à un scénario destiné à une jeune actrice, qui l'accompagne, bien sûr, et à qui il prédit un grand avenir. Sur ce point, il voit juste. Cette débutante, dont le palmarès se limite à des seconds rôles au théâtre et dans des films muets, s'appelle Marie-Madeleine Von Losch. Elle va devenir mondialement célèbre sous le pseudonyme de Marlène Dietrich. Benno Vigny a-t-il réellement vécu une aventure avec « l'Ange Bleu », ou tout cela n'est-il qu'affabulation ? Chaque fois que Charles a abordé le sujet, avec moi comme avec beaucoup d'autres, il est demeuré très circonspect. Il a simplement confié qu'il lui est arrivé, à plusieurs reprises, d'accompagner sur les plateaux de cinéma un beau-père envers qui il éprouve une réelle affection et dont il apprécie une forme de folie poétique qui ne lui est peut-être pas étrangère. Les conversations entre Benno et Marie-Louise se limitent, certains jours, quant à elles, à quelques paroles dont la banalité n'égale que leur brièveté.

Les échanges entre les ex-époux sont tout aussi inexistants, jusqu'à ce jour où Lucien écrit une lettre à Marie-Louise pour lui apprendre que Charles vient d'être brutalement renvoyé du lycée de Perpignan. La qualité de son travail n'y est pour rien. Il est considéré par ses professeurs comme l'un des plus brillants élèves de l'établissement. Il comprend tout, travaille vite, et rend des copies impeccables. On le met à la porte au motif d'avoir « insulté un officiel ». C'est, en tout cas, ce qu'indique la lettre que Lucien lit et relit plusieurs fois, sans en comprendre véritablement le sens exact. Il demande une explication à Charles qui, très calmement, éclaire sa lanterne. Il n'a pas « insulté un officiel », mais simplement traité un professeur de « crétin » et de « gros plein de soupe ». Il précise que sa réaction sanguine et spontanée, qualificatifs qu'il reconnaît bien volontiers, est liée à l'attitude méprisante de ce maître d'internat à son égard. L'affaire a débuté par une bagarre entre élèves, dans le préau, à l'heure de la récréation. Charles se retrouve, contre son gré, au cœur de cette bataille. La pratique régulière du rugby au poste de trois-quarts aile lui permet de s'extraire rapidement de la mêlée. La chemise déchirée par l'un de ses soi-disant camarades, il se dirige aussitôt vers l'enseignant et lui demande d'user de son autorité pour mettre un terme à un combat dont, au final, il risque de ne pas être la seule victime. En guise de réponse, son interlocuteur lui tourne le dos et se dirige, sans un mot, vers le bâtiment. Furieux, Charles le rattrape et l'apostrophe.

Malgré ses 15 ans, il n'est pas du genre à accepter cette forme de mépris. Le ton monte rapidement. Les cris finissent par attirer l'attention d'un surveillant qui exige que les deux protagonistes le suivent immédiatement chez le proviseur. À l'issue d'une explication particulièrement orageuse, la sanction tombe. Il n'est pas question, autorité oblige, de désavouer l'enseignant. L'affaire se conclut par le renvoi de Charles, immédiat et sans appel. Convaincu par les explications de son fils, Lucien ne dissimule pas son écœurement. Cette affaire frise l'abus de pouvoir. La sanction est disproportionnée, certes, mais il n'a aucun moyen de s'opposer à une décision administrative, aussi injuste soit-elle. Aujourd'hui, une intervention des parents d'élèves suffirait à transformer la sanction en un simple avertissement, voire un blâme. Mais, à la fin des années 20, on ne prend pas de gants avec ceux qui n'ont pas la main.

Ce renvoi pose un problème fondamental à Lucien Trenet. Depuis plusieurs années, il a établi le plan de carrière de son fils cadet. Pour se donner toutes les chances de vivre confortablement, il deviendra architecte comme son grand-père Charles, qui a construit dans les grandes avenues de Perpignan des immeubles tellement bien conçus qu'en 2020, ils sont encore en parfait état. Il a fait ce choix avant de l'annoncer à l'intéressé qui lui a aussitôt répondu qu'il voulait construire une carrière, pas des immeubles. À quoi le père a répliqué que ce serait comme ça, et pas autrement. Et maintenant, que va-t-il faire?, comme ne le chante pas encore Gilbert Bécaud. Une école digne de ce nom acceptera-t-elle de donner sa chance à un pestiféré de l'Éducation nationale? Où doit-il aller pour obtenir le diplôme qui lui ouvrira cette route que Lucien est visiblement le seul à considérer comme enchantée?

Quelques instants suffisent à Marie-Louise pour trouver l'idée. Puisque Charles ne peut visiblement pas intégrer en France une école digne de ce nom, qu'il vienne à Berlin. Elle a la possibilité de l'inscrire à la Künstgewerbeschule, une prestigieuse école des Arts décoratifs où les cours de dessin et d'architecture sont dispensés par d'excellents professeurs. Le directeur étant un vieil ami de Benno, son admission sera une formalité. Marie-Louise considère cette opportunité comme un coup de pouce du destin. Elle est en manque d'amour, et surtout d'affection, et la présence de Charles lui permettrait de combler ce vide. Bien entendu, elle ne le précise pas dans le courrier qu'elle adresse aussitôt à Lucien. Il va se remarier, paraît-il, avec une jeune femme prénommée Françoise. Mais a-t-il définitivement digéré leur séparation ? Rien n'est moins sûr. S'il prenait la mesure du bonheur qu'il offre à Marie-Louise sur un plateau, il serait capable d'interdire à Charles de quitter la France...

Elle s'inquiète pour rien. Lucien donne un feu vert immédiat. Charles s'en réjouit. Le vagabond dans l'âme qu'il est déjà est heureux de découvrir une terre inconnue, mais surtout de retrouver une mère qui lui manque encore plus qu'il ne veut bien l'avouer. C'est ainsi que, quelques semaines plus tard, Marie-Louise ouvre ses bras à son garçon de 16 ans. Il a beaucoup grandi, physiquement, mais aussi moralement. Ses idées, sa façon de les exprimer sont déjà celles d'un homme mûr. Les soirées qu'ils passent à converser deviennent des moments intenses. Dans la journée, il découvre un nouveau monde qui s'ouvre à lui, et dans lequel il espère vivre le plus longtemps possible. Chaque pas est l'occasion d'ouvrir des yeux émerveillés devant les décors avant-gardistes d'une ville qui est en train de subir de plein fouet l'influence américaine.

Comme prévu, il entre à la Künstgewerbeschule. Mais un mois seulement après son arrivée, il part en claquant la porte. Il explique à sa mère qu'il s'ennuie et, surtout, qu'il ne peut pas voir ses professeurs en peinture. Il a désormais d'autres desseins. Quelques soirs auparavant, dans un cinéma de la ville, le Palace, il a assisté à la projection de l'un des premiers courts métrages parlants, l'arrivée triomphale d'un train en gare de Berlin, autrement dit la version allemande de l'arrivée du train en gare de La Ciotat, tournée en 1895 par les frères Lumière. De retour à la maison, il a assuré que ce que l'on n'appelle pas encore le septième art avait toutes les chances de devenir rapidement le premier.

Son amour pour le cinéma devient un peu plus fort encore lorsqu'un soir de janvier 1930, il se rend au Tauentzienpalast, une salle de spectacles située au milieu de l'avenue Tauentzienstrasse, l'équivalent en ce temps-là de nos Champs-Élysées. À l'issue d'un concert d'accueil donné par un organiste, puis par un saxophoniste, il découvre « La Basse Court ». Dans ce qui est considéré comme le premier film parlant dans l'histoire du cinéma, et dont on a perdu toute trace, on aperçoit et surtout on entend les animaux d'une ferme en train de pousser leurs cris habituels. Dans la salle, en revanche, paradoxalement, c'est le silence qui s'est installé. Chacun a le sentiment de vivre un instant unique. Le lendemain, au petit déjeuner, Charles annonce que sa décision est prise : son avenir, ce sera le monde naissant des plateaux. C'est là et nulle part ailleurs qu'il veut travailler, réussir. Vivre, tout simplement. Pour concrétiser ce projet, il doit se rendre à Paris et s'y installer. Le plus vite possible. Marie-Louise n'est pas contre. « J'ai confiance en toi », lui dit-elle. Ce qu'elle confirmera en 1946 en écrivant dans l'une des lettres adressées à son fils, « tu as raison de croire que j'ai toujours eu confiance ».

La mère et son fils se mettent rapidement d'accord sur une stratégie. Elle lui recommande d'abord de ne jamais parler de ce projet à son père. Elle le connaît mieux que personne, et parie sur un refus immédiat, non négociable. Elle lui suggère de lui annoncer, le plus naturellement du monde, son intention de suivre les cours des Beaux-Arts, dans la capitale. Il ne pourra pas refuser. Il suit son conseil, et ça marche ! C'est ainsi qu'au milieu de l'année 1930, après être monté à bord du train de nuit Perpignan-Paris, Charles découvre la gare d'Orsay, le Jardin des Tuileries, les Champs-Élysées, Saint-Germain-des-Prés. Il est subjugué par ce décor dont il avait eu un avant-goût deux ans auparavant, le temps d'un court voyage en compagnie... d'Albert Bausil.

Albert Bausil. La plupart des moins de trois fois, voire quatre fois vingt ans, ne connaissent pas ce grand poète, qui a pourtant marqué l'histoire culturelle du Languedoc-Roussillon en général et de Perpignan en particulier, en créant et en dirigeant dans la première partie du XXe siècle *Le Coq Catalan*, un hebdomadaire littéraire, satirique et sportif présenté comme « un journal libre qui louvoie dans tous les courants d'air de la pensée ». Bausil publie régulièrement des chroniques de ses « amis de Paris » : Jean Cocteau, Jean Giono, Antoine de Saint-Exupéry, Henry de Montherlant et quelques autres. Il relate également des événements locaux, qu'il se fait un devoir de ne jamais manquer. Il est ainsi l'un des habitués des soirées littéraires et musicales que Lucien Trenet organise chaque semaine depuis qu'il a acheté, à Perpignan, rue Villaseca, une petite maison avec un jardin bien agréable. C'est là qu'un soir, Bausil fait la connaissance de Charles, 13 ans. Ils entament une conversation qui, presque aussitôt, se transforme en une complicité filiale. Il mesure immédiatement le potentiel de l'adolescent. Il est évident qu'une pépite sommeille dans l'âme de ce garçon vif et plein d'humour, qui s'intéresse à tout, au présent comme au passé. Albert n'hésite pas un instant : il se donne pour mission de la réveiller et d'ouvrir Charles à ce monde sur lequel il semble avoir tant de choses à apprendre, mais aussi à dire. Et peut-être à écrire. Il lui ouvre d'abord les portes de sa bibliothèque personnelle, qui déborde de classiques de la littérature française et d'éditions originales qu'il a patiemment collectionnés. Entre 13 et 15 ans, Charles va y passer deux à trois heures par jour. Il dévore tout, devient incollable sur la littérature et la poésie, d'avant-hier à aujourd'hui. À ceux qui s'étonnent de le voir préférer les ouvrages poussiéreux aux beautés de la nature environnante, il répond : « Albert sait tout sur tout. Il veut que je devienne comme lui. » Grâce à lui, il monte sur scène pour la première fois. Albert l'intègre dans sa troupe de théâtre amateur qui, chaque année, joue à Font-Romeu et à Vernet-les-Bains un spectacle à base de sketches et de chansons. Enfin, il assiste aux conférences que ce maître donne régulièrement dans le Languedoc-Roussillon. L'une d'entre elles s'intitule « Y'a d'la Joie ! ». Trenet y a sans doute pensé lorsque, pendant son service militaire, il a imaginé des couplets qui figurent désormais au programme des maternelles et des primaires...

Ce « drôle d'Albert », qui a tellement compté dans les débuts de Trenet et à qui il rend hommage dans un couplet de « Fidèle », va publier les premiers articles de Charles dans *Le Coq Catalan*, mais aussi lui remettre une lettre de recommandation signée par son ami René Manaut, député des Pyrénées-Orientales et sous-secrétaire d'État au ministère de l'Intérieur. Grâce à cette missive, Charles décroche son premier emploi à Paris : clapman et assistant accessoiriste aux studios Pathé, à Joinville-le-Pont. Il collabore ainsi modestement à deux des premiers films de l'histoire du cinéma parlant et chantant : *Chacun sa chance*, qui marque les débuts à l'écran de Jean Gabin, et *Le roi des resquilleurs*, dont la tête d'affiche, Georges Milton, dit « Bouboule », est alors l'un des fantaisistes les plus populaires du moment. Dans cette comédie, Milton interprète, entre autres, « C'est pour mon papa », des couplets signés Amédée Pujol et Charles-Louis Pothier. Un après-midi de 1995, à Mouriès, dans le salon-bureau de Charles Aznavour, Trenet a commencé à fredonner ces couplets en assurant qu'il avait anonymement collaboré à leur écriture. Aznavour, tout aussi étonné que moi par cette confidence, lui a demandé quelques précisions. Entre deux gorgées d'un excellent cognac, Trenet a raconté cet après-midi où, pendant une pause, il a aperçu les deux hommes, en coulisses, en train d'échanger, à voix haute, des idées et des rimes. Il s'est approché, et a spontanément lancé une phrase aussitôt retenue par les auteurs. Laquelle ? Il ne s'en souvient absolument pas. En revanche, il a conservé dans un coin de sa mémoire cette demi-heure de bonheur pendant laquelle, pour la première fois, il a posé ses mots sur une musique. Sans imaginer que, quelques années plus tard, ses propres mots et notes feraient le tour du monde.

En attendant ce moment, Charles fait tout pour ne pas déchanter, autrement dit pour conserver son poste d'assistant-accessoiriste, indispensable à sa survie financière à Paris. Chaque matin, il arrive à l'heure. Ce sérieux est sans doute son meilleur atout, voire le seul, pour ne pas être remplacé. Il fait en effet tous les efforts possibles et imaginables pour satisfaire ses employeurs, mais les résultats se révèlent décevants, voire désastreux. Il ne parvient jamais, ou presque, à trouver ce qu'on lui a demandé. Il rapporte ce qui lui semble constituer l'équivalent, mais qui ne l'est pas vraiment. Le réalisateur prend l'habitude du manque de débrouillardise de ce stagiaire, visiblement plus doué pour les mots que pour le bricolage. Il se fait régulièrement réprimander, mais, à chaque fois, il trouve des formules d'excuses tellement originales et drôles qu'il devient quasiment impossible de lui reprocher quoi que ce soit. La production se donne donc pour règle de faire appel à des solutions de rechange. La simplicité du décor des premiers films parlants et chantants est telle que l'absence d'un tableau ou d'une chaise n'empêche pas que l'action se déroule à peu près normalement.

Chaque soir, le jeune Trenet quitte les plateaux pour rejoindre les sommets de la culture : les peintres et les poètes qui hantent le quartier de Montparnasse. Ses moyens financiers sont très limités, mais le prix raisonnable du demi de bière lui permet de passer des zincs des cafés du boulevard Montparnasse aux tables de la Coupole, une brasserie devenue le temple de l'Art déco, où il attribue enfin des visages à des noms qui lui sont familiers parce qu'il les a vus sur des couvertures de livres, ou en guise de signature sur des toiles qui l'ont fait rêver. Au bar, il aperçoit Jean Cocteau, dont on vient de créer *La voix humaine* à la Comédie-Française et qui s'apprête à réaliser son premier film, *Le sang d'un poète*. Il surprend Alberto Giacometti en train de répondre à un journaliste qui l'interroge sur les sculptures surréalistes qu'il présente dans une galerie parisienne. Il s'enhardit à entamer le dialogue avec Pablo Picasso, qui travaille alors entre Paris et le château de Boisgeloup, près de Gisors. Ils rient en évoquant un ami commun, Salvador Dali, que Charles connaît bien pour l'avoir fréquenté à Perpignan lors des soirées musicales organisées par Lucien. Enfin, le regard de Charles est attiré un soir par un homme étrange chez qui il décèle une sorte de folie. Il n'a visiblement pas beaucoup de moyens et Charles lui offre une bière, puis deux, puis trois. C'est ainsi qu'il fait la connaissance d'un comédien dont seuls les surréalistes connaissent alors le nom. Il s'appelle Antonin Artaud. Il éprouve de la sympathie pour ce garçon aux yeux rieurs et passionné, féru de poésie, qu'il surnomme, en riant, « Charles le Téméraire ». Il l'invite à venir un après-midi chez lui avec l'un des 78 tours qu'il a enregistrés avec Johnny Hess. Il l'écoute attentivement, puis lance : « j'aime beaucoup ce que vous faites ! » Charles se trouve alors à un tournant : il se demande s'il a un avenir dans la chanson. Ne devrait-il pas se tourner vers le cinéma ? Les compliments d'Artaud provoquent chez lui un déclic. Il ne doit pas faire des adieux prématurés au music-hall. Les deux hommes se retrouvent régulièrement. Artaud juge son cadet de vingt ans suffisamment intelligent, objectif et ouvert aux lendemains pour comprendre une démarche qui lui vaut d'être régulièrement traité de fou furieux. Il s'en moque complètement. Ses véritables douleurs sont essentiellement physiques, liées à une syphilis héréditaire qui l'oblige à consommer quantité de médicaments et de drogues. En 1927, Artaud a ainsi créé le théâtre Alfred Jarry, en hommage à l'auteur de *Ubu Roi*, et vient de publier, avec la complicité du dramaturge et poète Roger Vitrac, une brochure intitulée *Le Théâtre Alfred Jarry et l'Hostilité publique*. Il y propose une conception nouvelle de l'art dramatique, qui privilégierait « l'humour, la poésie et ce qu'il y a de merveilleux dans l'homme ». Les mots seraient utilisés pour la sensibilité qu'ils dégagent, le rêve qu'ils apportent plutôt que pour leur sens. Il appelle cela le « Théâtre de la Cruauté ». Trenet l'encourage à persévérer. Un jour, on reconnaîtra son génie. Il a raison. Ce concept, auquel personne ne croit, sera repris, plus tard, par bien des metteurs en scène.

Le récit de ces nuits de folie figure bien entendu chaque matin au menu du petit déjeuner que Charles prend en compagnie de... sa mère. Car Marie-Louise est en effet de retour. Les voyages formant la jeunesse, mais ne permettant pas toujours de la conserver, elle a décidé, après 12 années d'errance à travers l'Europe, de mettre un terme à ses vagabondages. Elle ne veut plus entendre parler que du cher pays de son enfance. Elle a convaincu Benno de la suivre à Paris, et loué un appartement, au cœur du 16e arrondissement, 47 rue La Fontaine. Une adresse prémonitoire. Il est suffisamment vaste pour que Charles dispose d'un espace beaucoup plus confortable que la chambre d'hôtel, près de la porte de Vincennes, qu'il a louée peu après son arrivée à Paris et qui était loin de plaire à sa mère. Quand Marie-Louise a découvert ce qui faisait office de logement pour son fils, à savoir une seule pièce dont Charles s'est peut-être inspiré en écrivant « Il pleut dans ma chambre », sa décision a été immédiate : Charles ne pouvait pas vivre dans un hôtel borgne, à l'heure où ses yeux s'ouvraient sur le monde. Leurs retrouvailles à Berlin lui ont permis de découvrir son fils cadet sous un jour qu'elle ne connaissait pas. Elle a pris la mesure de sa curiosité, de sa vivacité, de sa culture, de son intelligence et de son regard sur l'avenir. Elle s'est alors souvenue de la prédiction d'une amie voyante qui avait vu en son fils « un être à part ». Et si cette prédiction était exacte ?

Et si Charles avait quelque chose de plus que les autres, un talent unique? Lequel? Elle n'en sait rien, c'est à lui de le découvrir.

Marie-Louise se donne alors une mission : faire tout ce qui est en son pouvoir pour permettre à son fils d'accomplir ce destin encore nébuleux. Elle ne l'avoue pas, mais on devine en filigrane dans ses courriers qu'elle regrette d'avoir été si peu présente dans la vie de Charles à l'adolescence. Les deux années de pensionnat ont visiblement laissé des traces indélébiles, que Charles ne manquera pas d'évoquer dans ses chansons, et les quelques années vécues aux côtés de son père à Perpignan ne lui ont pas non plus été particulièrement profitables; Marie-Louise n'est pas convaincue que Lucien ait véritablement été à la hauteur de sa tâche. Qu'a-t-elle fait pendant ce temps-là? Elle a vécu une belle histoire d'amour avec un homme qu'elle respecte et respectera toujours. Charles partage ce sentiment. Grâce à Benno, il a signé les huit premières chansons de sa longue carrière. En 1932, un an donc avant d'être admis à la SACEM, il a écrit celles de *Bariole*, le seul film réalisé par son beau-père. Le personnage principal est un compositeur altruiste qui ne fait pas payer les leçons de chant à ses élèves, et rencontre un jour une femme qui va changer sa vie. Il y a quelque part, dans cette fiction, une forme d'autobiographie, même si, quelque temps après la sortie de cette comédie musicale, la belle histoire se termine. En son âme et conscience, après avoir beaucoup réfléchi, Marie-Louise décide de rompre avec Benno. Il va reprendre ses vagabondages, trousser de temps à autre un scénario, car il faut bien vivre, avant de s'installer définitivement en Allemagne, en 1949. Il va y vivre discrètement jusqu'à sa disparition en 1965. Dans une lettre écrite en 1946, Marie-Louise parle de lui comme d'un « ancien compagnon » pour qui elle ne cessera d'éprouver une grande affection. Quelques années plus tard, elle confiera à Charles n'avoir jamais regretté sa décision. « Je ne vivrai plus avec lui ni avec personne. Je suis libre et apprécie trop cette liberté, cette paix que j'ai durement achetée par beaucoup de souffrances intimes.» Elle ne veut pas non plus entendre parler de Lucien, remarié avec Françoise, et heureux père d'un garçon prénommé Claude. Une lettre de Marie-Louise adressée à Charles au début des années 50 confirme une séparation définitive et sans appel : « Ne fais pas l'imprudence d'inviter Perpignan chez toi. Ce serait pour moi un serrement de cœur et un cauchemar. Et d'ailleurs, tu n'aurais rien à gagner de cette combinaison ! »

Marie-Louise reporte désormais son affection sur ses deux fils, Antoine et Charles. Le premier, qui ne veut pas reprendre l'étude notariale de son père, a choisi de s'installer à Aix-en-Provence. Fort heureusement pour elle, la présence quasi permanente du second « embellit sa vie ». Ils sont maintenant unis pour le meilleur, qui est à venir et ne va pas tarder. Elle devient la première admiratrice du duo « Charles et Johnny », et des chansons enregistrées avec Johnny Hess entre 1932 et 1935. Elle ne manque jamais d'écouter, sur Radio Cité, leur émission *Le quart d'heure des enfants terribles*, offerte par les Filatures de la Redoute à Roubaix. Elle hurle de rire quand elle entend Charles en train d'imiter des voix alors célèbres, comme celles de Jean Sablon, Maurice Chevalier, Suzy Solidor et Morgane, une chanteuse particulièrement pittoresque qui se produit exclusivement au Bœuf sur le Toit. Le 25 mars 1938, elle est dans les coulisses de l'ABC lorsque, en neuf chansons au lieu des trois initialement prévues en première partie de Lys Gauty, son fils devient le « Fou chantant ». Elle pressentait que ce « grand coquin » allait avoir un grand succès, mais n'imaginait pas qu'en 30 minutes, il allait devenir le père de la chanson française moderne, la première « idole des jeunes ». Dans les mois qui suivent, les triomphes s'enchaînent. La réussite de Charles va définitivement cicatriser, au plus profond de son cœur, les blessures morales du passé. « J'ai maintenant la grande joie de ta réussite et de ta carrière, lui écrit-elle. Que veux-tu que je demande de plus au Bon Dieu ? »

7.

Apprendre aux soldats à tuer… le temps

« Mon opinion est celle du monde entier : la victoire française et des Alliés. Signé, votre fou-allié ! » Cette phrase rédigée à la main sous une question tapée à la machine et le jeu de mots de la signature ne laissent pas le moindre doute sur l'authenticité de ce texte. Elle conclut les réponses à un questionnaire adressé en janvier 1940, à Salon-de-Provence, au caporal Trenet par Julot Verbeeck, président du Charles Trenet Club. Mobilisé à la base aérienne où il a fait son service militaire trois ans plus tôt, le conscrit qui balayait la cour en 1936 se retrouve, notoriété oblige, « secrétaire du colonel ». La tâche n'est pas prenante et il vit ce que le journaliste - écrivain Roland Dorgelès a baptisé la « drôle de guerre », touchant à tout, sauf à une arme. Entre deux chroniques adressées à des magazines qui l'ont sollicité, il prend le temps de répondre à ce fan belge, qui est en train de devenir un ami. « *Appréciez-vous les joies de la vie militaire ?* J'aime la joie et la vie qu'elles soient militaires ou non. *Continuez-vous à vous intéresser à votre art ?* Oui, et mon art me le rend bien en me poursuivant partout de musiques (ici de flonflons). *De quelle façon ?* J'écris, je chante pour mes amis soldats quand mes heures d'école de pilotage me le permettent. *Les poilus de votre unité apprécient certainement la présence de Charles Trenet parmi eux ?* Il n'y a dans mon unité ni « poilus » ni « poids lourds ». Tout le monde est jeune, les officiers sont épatants et je ne rencontre que des sourires. *Quelle est votre opinion au sujet de la tournure que vont prendre les hostilités ? Il va sans dire que nous les Belges croyons à la victoire des démocraties. Mais est-elle imminente ? (Si vous estimez la présente question indiscrète, veuillez bien n'en pas tenir compte.)* »

L'espoir en cette victoire française et des Alliés conclut des lignes écrites d'une plume résolument sincère. Tout est vrai dans cette réponse, sauf, peut-être, ces cours de pilotage qu'il assure prendre très régulièrement. Il en a parlé, il en a rêvé, mais n'a finalement jamais décollé du siège de son bureau. Aucun brevet de pilote ne figure dans la longue liste des diplômes que sa notoriété lui a permis de collectionner. En fait, ses supérieurs hiérarchiques ont refusé sa demande. Ils ont préféré lui demander de se consacrer à une activité plus terre-à-terre : prendre les commandes d'un « Théâtre de l'Aviation », destiné à offrir dans plusieurs villes de France un moment de distraction à ceux qui sont mobilisés depuis le mois de septembre 1939. Il justifie sa venue, à sa façon, en précisant que l'armée de l'air est, par définition, celle qui a le moral le plus élevé.

C'est ainsi que naît une troupe que le poète choisit de baptiser le « Théâtre des Ailes ». Le 29 novembre 1939, il organise au Pathé-Palace, une salle de cinéma de Marseille, un premier « gala de bienveillance ». Quelques-uns de ses illustres confrères, parmi lesquels Tino Rossi et Fernandel, se succèdent dans une soirée qu'il conclut en interprétant, entre autres, la chanson récompensée cette année-là par le Grand Prix de l'Académie Charles Cros : « Boum ». Cette soirée en est un, justement. Les supérieurs du caporal Trenet lui ordonnent donc de poursuivre l'aventure. « À vos ordres », répond-il, juste avant de proposer la création d'une troupe qu'il baptise « Pour ceux de l'escadrille » et qui se donne pour objectif d'apporter une récréation saine et bien entendu gratuite aux militaires des régions isolées par des spectacles ambulants renouvelés. Il prévoit aussi des galas de bienfaisance dans les villes à l'arrière du front, au profit des Foyers du soldat et de la Caisse de Secours des militaires nécessiteux. Il obtient un feu vert immédiat, assorti des moyens nécessaires à la création de cette troupe qui, entre novembre 1939 et mai 1940, va se produire une trentaine de fois dans les bases aériennes. Trenet aide ainsi les soldats à apprendre à tuer, mais exclusivement le temps. Il leur offre deux heures de joie en des moments où l'on peut se demander si les gouvernants mesurent véritablement la réalité de la situation. C'est peut-être le cas, mais ils se gardent bien de le crier sur les toits, ou, plus exactement, de le déclarer dans les journaux, voire sur les ondes de la TSF naissante.

Comme tous les appelés, Charles bénéficie régulièrement d'une permission. Il en profite pour aller embrasser sa mère, qui a choisi de vivre provisoirement sous le soleil de Marseille. Le 9 mai 1940, il se rend à Perpignan où il retrouve son père et troque exceptionnellement son uniforme de caporal pour la tenue civile du « Fou chantant ». Un document conservé par Julot Verbeeck montre qu'un peu plus d'un mois avant l'entrée des Allemands dans Paris, il a été, sur la scène de la salle de cinéma de la ville, la tête d'affiche d'un gala exceptionnel. La soirée a débuté par les tours de magie de Doryan, « l'étrange manipulateur », et la projection de *Des hommes sont nés*, présenté comme « le meilleur film de l'acteur américain Mickey Rooney ». Star depuis l'adolescence grâce au personnage d'Andy Hardy, l'enfant-type de la famille américaine idéale, Rooney, devenu adulte, incarne le père Flanagan qui, dans les années 1920, a fondé un village autogéré pour les enfants abandonnés du Nebraska. La fête se termine par un « Y'a d'la Joie ! » interprété par un public qui, au fond de lui-même, n'y croit plus vraiment. En dépit des démentis de Paul Reynaud, le président du Conseil, et de ses ministres, chacun est persuadé que l'ennemi se trouve à nos portes, et qu'il va bientôt les franchir.

8.

Comment Trenet a sauvé le Cirque Royal

Le 14 juin 1940, l'armée allemande entre dans Paris. Une semaine plus tard, Charles est « renvoyé dans ses foyers ». Le jour de la mobilisation, il a rempli un formulaire où, dans la case « profession », il a écrit « agriculteur ». Dans la partie réservée aux commentaires, il a précisé qu'il était propriétaire d'un terrain de 9000 mètres carrés dans le Midi de la France. Ce qui, selon les barèmes de l'administration, correspond à la superficie minimale d'un potager. Au lendemain de l'Armistice, sans prendre la peine de regarder son identité, un fonctionnaire signe son ordre de démobilisation, afin qu'il aille planter des pommes de terre, dont les Français ont bien besoin. Sa villa de Juan-les-Pins étant réquisitionnée par le directeur régional du Gaz de France, il commence par poser ses valises dans un hôtel à Nice, puis décide de rentrer, chez lui, à La Varenne Saint-Hilaire, dans la banlieue est de Paris. Il retrouve ainsi une maison acquise un an plus tôt, dans des circonstances qu'il faut mettre sur le compte du destin. Un dimanche, à la fin de l'une de ces promenades qu'il affectionne sur les bords de Marne, son œil se trouve instinctivement attiré par une maison d'où une femme est en train de sortir. Il s'approche et lui demande si la villa est à vendre. Sous le coup de la surprise, son interlocutrice, visiblement outrée, qui ne l'a pas reconnu, répond par un « non » qui semble ferme et définitif. Charles, qui a senti une hésitation dans sa voix, a le réflexe de lui donner son numéro de téléphone, si, d'aventure, la situation évoluait. Quinze jours plus tard, elle le rappelle. Elle sait maintenant qui il est, et c'est en balbutiant qu'elle lui annonce que finalement, elle déménage et se sépare de sa propriété. Elle lance un prix que Trenet accepte, sans discuter. L'acte notarial à peine signé, il emménage dans une bâtisse dont il veut faire, assure-t-il, le rendez-vous des artistes et des gens d'esprit. C'est ainsi qu'il la baptise « Villa Medicis » à l'image de celle qui, depuis 1803, accueille à Rome les talents de demain. En juin 1940, il décide de remettre le projet à après-demain, et même à beaucoup plus tard. Même si, pour ne pas décourager ses camarades, il ne criait pas ses craintes sur les toits, il se doutait que la drôle de guerre se conclurait par une guerre pas drôle du tout, et sans doute beaucoup plus longue que le prédisent alors certains oracles. Il sait qu'Hitler ne reculera devant rien pour devenir le maître du monde. Il l'a compris bien avant nos gouvernants, le 30 janvier 1933, le soir où Hitler est devenu chancelier d'Allemagne. Quand la TSF et les journaux ont annoncé sa nomination, il dînait avec sa mère et Benno Vigny qui, en un instant, est devenu blême. Adolf, Benno le connaît bien. Il a passé en même temps que lui, en 1908, le concours d'entrée aux Beaux-Arts de Vienne. Il n'a jamais oublié son regard étrange, inquiétant, presque absent. L'un de ses amis, chargé d'établir les dossiers d'inscription, lui a confirmé avoir éprouvé le même sentiment à l'issue du traditionnel rendez-vous administratif, à l'heure de l'inscription.

Son interlocuteur lui a précisé que le père d'Hitler, douanier, était un enfant naturel à qui sa mère avait donné, juste après sa naissance, le nom de famille de sa grand-mère, Hiteler. Le jeune Adolf l'avait transformé en Hitler et avait choisi de le conserver après une rencontre, quelques années plus tard, avec son géniteur. « Cet homme est un fou dangereux », a assuré Benno à Charles, en lui donnant pour preuve la crise d'hystérie dont il a été le témoin quand, à Vienne, Hitler a été recalé par le jury. Il a lu dans ses yeux qu'il chercherait par tous les moyens à se venger, et pas seulement de ces ignares qui avaient refusé l'admission de celui qui se considérait alors comme le plus grand peintre du siècle.

Dès le début de l'Occupation, fort de ce souvenir familial qui lui a permis de prendre la démesure de la folie d'Hitler, Charles assure à son entourage qu'il ne chantera jamais devant un uniforme vert-de-gris. Cela n'a pas empêché la propagation de rumeurs malignes assurant qu'il avait été « collabo ». Fidèle à son art de vivre le présent plutôt que le passé, il n'a jamais voulu répondre à ces accusations sans preuves. « À quoi bon ? C'est si loin tout cela », m'a-t-il répondu en soupirant, le soir où, à la fin d'un déjeuner particulièrement arrosé, j'insistais pour obtenir le témoignage qui le disculperait définitivement. C'est ainsi que, 70 ans plus tard, l'accusation lancée par ceux qu'il appelait « Monsieur et madame Bobard » court encore parfois dans les rues. Affichant l'assurance de ceux qui ne savent rien, sauf raconter n'importe quoi, de soi-disant bien informés prétendent toujours que l'auteur de « Douce France », chant d'espoir et de résistance, a travaillé avec l'occupant. Combien de fois ai-je entendu cela ? Il peut arriver que quand on n'aime pas, on ne compte pas... Ces accusations mensongères, lancées sans la moindre preuve, ont terni la réputation de Charles Trenet. Je demeure plus que jamais convaincu – et je suis loin d'être le seul – qu'elles sont absolument sans fondements, et les quelques prises de position de Trenet à cette époque ne font qu'appuyer mes certitudes.

Ainsi, dès le mois de septembre 1940, désapprouvant des confrères qui, moyennant un cachet confortable, ont spontanément accepté de se produire au micro de Radio Paris, Trenet a formellement refusé de les rejoindre, en dépit de propositions financières encore plus mirifiques. Pendant des semaines, les Allemands sont revenus à la charge, conscients que le ralliement de cet artiste populaire qui parle la langue de Goethe serait une prise de premier ordre dans la guerre de propagande qui s'annonce avec la résistance naissante, à Londres, autour du général de Gaulle. Leurs tentatives demeurant vaines, ils ont fini par se lasser et se sont tournés vers d'autres proies, sans doute plus faciles à attraper.

Une fois l'orage passé, Charles décide, au début de l'année 1941, de sortir de son silence volontaire. Au mois de février, dans un spectacle intitulé *Mes seconds débuts*, il fait une rentrée triomphale au théâtre de l'Avenue, près de l'Arc de Triomphe, devant un public essentiellement parisien. Il part ensuite en tournée, en zone libre, avec le cirque Bouglione. Chaque soir, pendant une trentaine de minutes, il bondit sur la piste aux étoiles pour jongler, mais exclusivement avec les mots. De retour à Paris, il retrouve pour quelques soirs la scène de l'ABC, où il a débuté trois ans auparavant. Une fois encore, comme Mitty Goldin le directeur le lui a promis, il n'y a que des Français dans la salle.

Un matin, à La Varenne, il reçoit un appel de Paul Derval, le directeur des Folies Bergère, qui lui propose de participer à son prochain spectacle, *La revue des trois millions*. Le contrat qu'il lui offre prévoit une intervention quotidienne d'une vingtaine de minutes. Charles n'est pas contre cette idée, mais il s'interroge. Il a entendu dire que des officiers nazis se rendent tous les soirs rue Richer, avec l'espoir de rencontrer des « petites mesdemoiselles », c'est-à-dire celles que l'on appelle « les petites femmes de Paris ». À l'autre bout du fil, son interlocuteur éclate de rire. Tout cela n'est que légende. Il lui donne sa parole qu'il n'apercevra jamais le moindre uniforme allemand dans la salle. Trenet lui fait confiance, et donne son feu vert. Le premier soir, Charles bondit sur le plateau, et découvre, stupéfait, trois officiers nazis au premier rang. Dès sa sortie de scène, il déboule dans le bureau de Derval, qui botte immédiatement en touche. Il est penaud, désolé, bien sûr, mais il n'y peut rien. Ces spectateurs sont arrivés quelques instants avant le lever du rideau et ont acheté leurs places. Il n'a pas pu refuser cet argent : cela lui aurait ensuite coûté très cher. Il ajoute qu'il s'agit d'un accident qui ne se reproduira pas. Demain, c'est juré : il n'y aura que des Parisiens dans la salle. Charles n'en croit pas un mot. Il réalise qu'il s'est fait piéger et décide de jouer à malin, malin et demi. Il lui faut trouver le moyen de mettre le plus rapidement possible un terme à son contrat, sans payer les conséquences de ce que son employeur considérerait comme une « rupture abusive ». De retour à La Varenne, ne parvenant pas à s'endormir, il met au point son plan de bataille. Il formule plusieurs hypothèses et finit par retenir une solution aussi simple qu'imparable… Le lendemain soir, il arrive aux Folies Bergère, comme si de rien n'était. Après avoir franchi la porte de l'entrée des artistes et salué le gardien avec un grand sourire, il se dirige, sans se faire remarquer, vers une pièce proche de la scène, qui, d'après les renseignements qu'il est parvenu à obtenir, sert de débarras. Personne, ou presque, n'y met jamais les pieds. Il entre, s'assoit sur une malle où l'on range des accessoires ménagers, et attend tranquillement, dans le noir, la suite des événements. Cinq minutes avant l'instant de son entrée en scène, le régisseur commence à s'inquiéter. Trenet n'est pas dans sa loge ! On le cherche partout, il demeure introuvable ! On l'appelle et, bien entendu, il ne répond pas. En désespoir de cause, on prévient Paul Derval, qui panique à son tour. Que se passe-t-il ? Ses excuses et ses explications de la veille n'ont-elles pas eu l'effet escompté ? Que va-t-il dire à un public qui est venu en partie pour lui ? Il n'a pas le temps de trouver une réponse. À la seconde exacte prévue par contrat, Trenet surgit d'on ne sait où, bondit sur scène, interprète six chansons comme si de rien n'était, puis sort sans même attendre la fin des applaudissements. Il court vers la porte, sort de l'immeuble et disparaît dans la nuit. Dans la salle, certains spectateurs sifflent pour manifester leur surprise. Derval mesure alors combien l'affaire risque, à court terme, de provoquer un scandale dont la réputation de son spectacle n'a pas besoin. Le lendemain, dès l'aube, il téléphone à Trenet. Ça sonne, mais dans le vide. Il récidive à plusieurs reprises jusqu'au début de l'après-midi où la voix qui décroche enfin lui répond froidement : « Monsieur n'est pas là et je ne sais pas quand il rentrera. » Le mensonge est évident. Comprenant qu'il se heurte à un mur, Paul Derval laisse un message : il accepte de déchirer le contrat, sans rien demander en échange. Il raccroche et, quelques secondes plus tard, Charles le rappelle pour lui confirmer son accord. Affaire classée...

Quelques mois après, c'est une autre affaire, beaucoup plus grave, qui débute. Un matin, juste après six heures, ce n'est pas le téléphone mais la sonnerie de la Villa Medicis qui retentit. Furieux, se demandant qui peut ainsi le déranger à l'aube, en plein sommeil, Charles se lève, ouvre la porte et se retrouve face à deux policiers qui lui demandent de le suivre à Paris, au 93 rue Lauriston, siège de la Gestapo. Quarante minutes plus tard, il se retrouve dans le bureau d'un officier, visiblement haut gradé, qui, sans dire un mot, tend une lettre anonyme. Charles la lit et la relit avec une stupéfaction évidente. L'auteur de cette missive assure qu'il est juif, petit-fils du rabbin Trenet, et que son vrai nom n'est pas Trenet, mais Netter. Il ne donne pas la moindre preuve d'une accusation qui s'ajoute à un article publié 15 jours auparavant dans le journal collaborationniste *Je suis partout*. Le « Fou chantant » y est présenté comme « l'un des agents les plus actifs de la judaïsation du goût français ». Bien entendu, tout est faux, mais encore faut-il le prouver, et le plus vite possible. Trenet obtient un délai. Il se rend à Narbonne, à Perpignan et à Béziers où, avec l'aide de sa mère, il se plonge pendant des journées entières dans les archives de l'état civil. Le marathon se termine à Lyon où il découvre, dans un placard d'une chapelle, un grimoire poussiéreux où figure la trace de la communion de l'un de ses arrière-grands-pères en 1780. De retour à Paris, il retourne rue Lauriston, où il remet à l'officier chargé du dossier un classeur précisant, dans les moindres détails, l'arbre généalogique familial sur quatre générations. Les preuves sont tellement nombreuses que son interlocuteur doute, l'espace d'un instant, de leur authenticité. Au bout de trois heures de réunion, le dossier est finalement classé.

L'occupant ne le lâche pas pour autant. Pendant l'été 1943, dans une France désormais totalement occupée, des inspecteurs de la Gestapo viennent le chercher à La Varenne. Quarante-huit heures plus tôt, il a reçu une convocation de la *Propagandastaffel* pour aller chanter devant les prisonniers et ouvriers français en Allemagne. Puisqu'il ne s'est pas présenté à la gare au jour et à l'heure prévus, les policiers ont reçu l'ordre de venir le cueillir à son domicile. Ils lui accordent quelques minutes pour préparer une petite valise, puis le conduisent, arme au poing, à la gare de l'Est. Ils l'obligent à monter dans un train pour Berlin et lui précisent qu'une fois arrivé, on l'attendra pour le conduire vers le camp. Comprenant qu'en cas de désobéissance, il risque d'être exécuté, il choisit d'obéir.

C'est ainsi que débute une tournée de 45 jours, dans un spectacle auquel participent également, contraints et forcés, Édith Piaf et Fred Adison, chef d'un orchestre de jazz français qui a créé, entre autres, deux succès d'avant-guerre, « Avec les pompiers » et « Au lycée Papillon », une chanson de Georgius. Charles les retrouve en coulisses, mais ne les croise pas le reste du temps. Refusant tout cachet, il a obtenu, en échange, des avantages qui lui ont moralement facilité le quotidien de cette épreuve : il a eu le droit de choisir les hôtels où il passerait ses nuits, et parfois ses journées. Il a également été dispensé de certaines obligations officielles, à commencer par des dîners de gala, où il a brillé, mais par son absence. Enfin, les 48 heures de retard sur les dates prévues lui ont permis d'éviter deux des trois premiers récitals qu'il était contractuellement dans l'obligation de donner.

Son retour en France s'accompagne de nouveaux nuages susceptibles de nuire à son image. Un matin, il découvre, dans un journal collaborationniste, une photographie prise à son insu, pendant son séjour à Berlin. On le voit debout, à côté d'une voiture où flotte un drapeau nazi. Il reconnaît avoir posé devant un photographe, mais jure ne pas avoir eu le réflexe de regarder ce qu'il y avait derrière lui ! La diffusion de ce cliché arrive à un bien mauvais moment. Au micro de la BBC à Londres, des speakers de l'émission *Les Français parlent aux Français* commentent avec véhémence un bristol transmis par un réseau de résistance, où il est écrit « Charles Trenet, ni mort, ni juif ». Quelle honte ! Quel mauvais goût ! L'affaire remonte jusqu'à l'intéressé qui comprend parfaitement cette réaction. Il présente ses regrets et des excuses. Il précise toutefois qu'il n'y est pour rien et donne une explication.

Tout est parti d'un copain qui, soucieux de lui remonter le moral après l'affaire des dénonciations anonymes, lui a offert, pour rire, des cartes de visite sur lesquelles il a fait graver « Charles Trenet, ni mort, ni juif ». Il a ainsi associé la fausse rumeur sur ses origines juives à une autre, parue en première page du quotidien *Paris Soir*, le 31 juillet 1940 : l'annonce de sa mort dans un accident d'avion. Ce jour-là, il a immédiatement appelé sa mère pour la rassurer, puis rédigé un démenti, publié le lendemain matin, à la même place.

Ce bristol va également figurer dans le dossier du comité d'épuration du spectacle, très exactement le Comité national d'épuration des professions d'artiste dramatique, lyrique et de musicien exécutant. Convoqué peu après la Libération de Paris, le 9 novembre 1944, Charles Trenet ne répond pas à l'invitation. Sept autres courriers proposant d'autres dates lui sont adressés. En vain. Il considère n'avoir rien à se reprocher et n'a pas de temps à perdre. Il en a même beaucoup à rattraper. Ses confrères, transformés en juges impartiaux, ne l'entendent pas ainsi. Le 3 août 1945, las de ses silences répétés, ils le condamnent à une suspension de toute activité professionnelle pendant une durée de dix mois. Trenet ne pensait pas un seul instant qu'ils oseraient le sanctionner ! Son impresario, qui est en train d'organiser une tournée dans la France libérée, lui téléphone, furibard. Il n'est pas question d'annuler un seul de ces galas ! Il lui demande expressément de changer d'attitude, et d'arrêter de faire son numéro d'enfant gâté. Charles, contraint et forcé, et même un peu sonné, accepte de rédiger une lettre où il justifie ses absences et s'en excuse. Il conclut en sollicitant une audience. Cette fois-ci, c'est promis, il ne se dérobera pas.

C'est ainsi que le 17 août 1945, il se retrouve devant ses pairs qui, pendant tout un après-midi, le couvrent de questions auxquelles il répond, calmement, simplement, avec le sourire et une précision exemplaire… Non, il n'a jamais accepté la moindre invitation au micro de Radio Paris. Les trois enregistrements qui ont été diffusés en 1943 par cette station datent d'avant-guerre, et proviennent des archives du Poste Parisien, réquisitionné par l'occupant dès le 14 juin 1940.

Oui, il a chanté à Paris, mais pas devant l'occupant. Sauf une fois, et un soir seulement ! Il raconte, par le détail, comment, en 1941, il est parvenu à ne pas honorer le contrat signé aux Folies Bergère. Il a cru en la parole du directeur, et il s'est trompé ! Ses interlocuteurs hochent la tête en signe d'approbation. Si les Folies Bergère, en piteux état financier en 1939, se portent bien en 1945, c'est parce que la revue a affiché complet tous les soirs pendant quatre ans grâce à la présence d'officiers nazis n'hésitant pas à payer plein pot pour découvrir enfin, en vrai, les légendaires « petites femmes de Paris ». Paul Derval n'a jamais manifesté la moindre opposition à leur présence.

Oui, il a chanté en Allemagne pour les prisonniers français. Il a tenté d'échapper à cette tournée, mais l'occupant lui a fait clairement comprendre qu'en cas de refus, il prenait le risque d'une arrestation, voire d'un très long séjour dans un camp dont il ne sortirait sans doute jamais. Et qui sait, sa mère pourrait subir le même sort. Les nazis n'étant pas du genre à plaisanter, il a pris cette menace très au sérieux et s'est rendu à Berlin. Il a toutefois refusé de toucher le moindre centime, et n'a pas fait, à son retour, un seul commentaire susceptible d'être utilisé par la propagande allemande. Ce que ses juges portent aussi à son crédit.

Oui, depuis quatre ans, il a souvent dîné avec Corinne Luchaire, la fille du journaliste collaborationniste, Jean Luchaire. On les a vus en tête-à-tête, entre autres chez Maxim's, mais ils n'ont jamais parlé politique. Charles préfère garder sa voix pour ses chansons. Il a simplement beaucoup ri avec celle qu'il considère comme une amie chère à son cœur. En revanche, à l'inverse d'une rumeur rapportée par la presse, leurs fiançailles ne sont absolument pas d'actualité.

Oui, depuis le début de l'occupation, il a fait du cinéma. Il a été la tête d'affiche de trois films musicaux, *Romance de Paris*, *Frédérica* et *Adieu Léonard*. Il a également participé, le temps d'une séquence, à *La cavalcade des heures*. En 1941, il a déclaré à la presse qu'il a choisi cette activité parce que les plateaux étaient mieux chauffés que les trains permettant d'aller chanter en zone libre. C'était une boutade, bien sûr. Il avoue qu'à l'exception d'*Adieu Léonard*, dont il est fier de partager l'insuccès avec les frères Jacques et Pierre Prévert, il regrette d'avoir accepté de jouer dans ce qu'il qualifie de « stupidités abracadabrantes, d'hallucinantes niaiseries ». S'il retrouve un jour le chemin du grand écran, ce sera pour réaliser des histoires plus personnelles, et surtout résolument poétiques, quitte à y engloutir les sommes que le septième art lui a rapportées.

Le comité n'aborde pas deux sujets qui auraient pu plaider en sa faveur : les amendes infligées par la *Propagandastaffel* parce qu'il n'a pas répondu à plusieurs convocations, et les rumeurs sur ses origines juives. En revanche, on porte au dossier les témoignages de résistants qui, unanimement, plaident en sa faveur. Dans la pile de documents, figurent également deux lettres dont les auteurs certifient qu'ils doivent la vie au courage du « Fou chantant ». En quelles circonstances ? Charles refuse, par pudeur, de donner la moindre précision. Il passe également sous silence une autre contribution à la Résistance, dont j'ai trouvé la trace dans des notes laissées par Julot Verbeeck. Elle constitue le plus flagrant des démentis à celles et ceux qui, aujourd'hui encore, osent assurer que Charles a collaboré avec l'occupant.

Nous sommes à la fin de l'année 1943, dans les coulisses du Cirque Royal, à Bruxelles. Construite en 1878, cette salle a accueilli, depuis les années 1920, les plus grandes stars du music-hall, de Maurice Chevalier à Joséphine Baker en passant par Mayol, le roi des fantaisistes, et Mistinguett, la reine des années folles. Depuis le début de l'Occupation, les spectacles y sont rarissimes, voire inexistants. Cette situation finit par inciter les Allemands à envisager la réquisition du lieu, comme ils l'ont déjà fait pendant la Première Guerre mondiale. La salle et les coulisses seraient susceptibles d'abriter des soldats de la Wehrmacht s'apprêtant à rejoindre le front, ou les permissionnaires, voire les convalescents blessés, au cours d'un combat. L'occupant ignore toutefois que depuis plusieurs mois, des résistants, activement recherchés, se cachent dans les caves. Conscients de l'imminence du danger, d'autres résistants qui leur fournissent régulièrement des vivres et des vêtements se mettent en quête du moyen susceptible de retarder, voire empêcher la concrétisation d'un projet qui entraînerait, à coup sûr, le démantèlement d'un réseau avec lequel Julot travaille aussi activement que discrètement. La solution la plus simple serait de trouver un artiste qui accepterait de se produire pendant plusieurs jours, voire quelques semaines. Julot prend immédiatement contact avec Trenet à qui il expose la situation. La réponse est immédiate : il donne son accord, en espérant que cela viendra en aide à la Résistance, en Belgique. Quelques heures plus tard, avant d'avoir signé le moindre contrat, il annonce sa venue prochaine au Cirque Royal pour trois semaines de récitals, avec, en première partie, un humoriste de 22 ans qu'il a repéré et à qui il prédit une belle carrière : Francis Blanche. Ne pouvant pas s'opposer à cette réouverture prestigieuse, les nazis décident de remettre à plus tard leur projet de réquisition. Il ne se concrétisera jamais, et aucun des résistants cachés dans le bâtiment ne sera repéré et arrêté.

Au terme du comité d'épuration, la sanction tombe : l'interdiction de se produire sur scène passe de dix à trois mois. Charles est donc libre de remonter sur scène à partir du 10 novembre. Cela tombe très bien, car cela coïncide avec la première date de tournée signée par son imprésario. Fini de déchanter, le temps est venu de rechanter...

9.

La folle conquête

Je me suis souvent demandé, et je ne suis pas le seul, les raisons qui ont poussé Charles Trenet à annoncer, au début de l'année 1975, ses adieux à la scène. Il a alors 62 printemps, et, du haut de son mètre 86, il déborde d'énergie et affiche une forme physique exceptionnelle. Ses 400 mouvements quotidiens avec deux haltères soigneusement rangés dans une valise en métal y sont sans doute pour quelque chose. Sa voix est intacte, à l'image de son amour de la vie mais, parfaitement conscient que la vieillesse est l'avenir inexorable de la jeunesse, il ne veut pas, selon ses propres termes, « devenir une vieille gloire qui pontifie et revient de temps à autre, pour mendier des applaudissements ». C'est tout à son honneur, mais les ovations qu'il va recevoir – et savourer – à son retour en 1983, jusqu'à ses derniers concerts en 1999, montrent que ses craintes n'étaient pas justifiées. Mais, en 1975, au détour de certains entretiens, il avoue : « Voilà 25 ans que je chante presque tous les soirs, sans prendre un instant de repos. J'ai envie de ne rien faire. »

Personne ne prend véritablement ces propos au sérieux, et pourtant, ils correspondent sans doute à la vérité. Entre 1945 et 1975, à l'exception d'une demi-décennie où tout n'a été que « yé-yé », Charles n'a cessé d'être à l'affiche, quelque part dans le monde. La lecture des lettres de Charles ou de Marie-Louise à Julot Verbeeck confirme que, pendant un quart de siècle, il a chanté comme un fou.

Le marathon débute en novembre 1945 par une série de récitals au Théâtre de l'Étoile, devant 2000 spectateurs chaque soir. Il se poursuit par une tournée en France. Conditions économiques obligent, son orchestre se limite au pianiste qui l'a accompagné pendant la guerre, Léo Chauliac. Ce musicien au talent reconnu, en particulier par Boris Vian, a également signé les arrangements de « La romance de Paris », « Douce France » et « Que reste-t-il de nos amours ? ». Très demandé, en particulier par des formations de jazz, il n'est pas toujours disponible. Il faut donc parfois le remplacer, et ce n'est pas simple. La légende prétend que l'oiseau rare n'étant pas toujours facile à trouver, il est arrivé que Charles entre en scène en excusant le retard imprévu de son pianiste, et en demandant si, dans cette salle comble, quelqu'un était capable de prendre sa place, ne serait-ce que pendant quelques instants. Il fallait oser, mais ça a marché ! Un, voire plusieurs musiciens amateurs connaissant son répertoire par cœur, ont toujours spontanément levé la main pour proposer leurs services. Trenet, sourire aux lèvres, a immédiatement désigné l'un de ces volontaires, avant de le faire monter sur le plateau sous les applaudissements. Il lui a confié des partitions, qu'il avait soi-disant pris la précaution d'emporter avec lui, et le spectacle a commencé. Bien entendu, le pianiste officiel n'est jamais arrivé. Il y a eu des moments d'improvisation, certes, que Charles a parfaitement maîtrisés, et quelques fausses notes que personne, ou presque, n'a remarquées. Cet accompagnateur d'un soir a sans doute vécu l'un des moments les plus émouvants de son existence.

Doutant de la réalité de cette scène, j'ai interrogé, dans les années 90, le principal intéressé. En guise de réponse, Charles a souri avant de changer immédiatement de sujet. Ses vieux amis se sont montrés plus diserts. Tous m'ont confirmé que cela ne relevait pas de la légende, mais d'un sens de l'adaptation aux circonstances, s'ajoutant à son génie de l'improvisation.

En revanche, loin d'une France à peine en train de redevenir véritablement douce, Trenet est parfaitement conscient qu'il est hors de question de prendre le moindre risque susceptible de nuire à son image. C'est ainsi que, dès la signature d'un contrat pour un gala dans le cadre d'une tournée en Europe, un pianiste de secours se trouve systématiquement engagé. Il arrive toutefois qu'un grain de sable raye cette mécanique parfaitement huilée. C'est le cas à Amsterdam où, quelques jours avant Noël, Charles n'est pas à la fête. Les deux accompagnateurs prévus se désistent, justificatifs à l'appui. Trouver un troisième homme à Paris relève de la mission impossible en un temps aussi court. La solution doit venir d'une ville plus proche de la Hollande que de la France, donc Bruxelles... Le 24 décembre 1945, Julot Verbeeck reçoit un télégramme ainsi libellé : « Avons besoin immédiatement pianiste. Stop. Il faut qu'il soit à Amsterdam le plus vite possible. Stop. Le visa hollandais lui sera donné tout de suite. Stop. Télégraphiez vite American Hotel. Stop. Trenet »

Julot active aussitôt son réseau et, dans l'heure qui suit, le problème est réglé. Le concert, prévu le 26, se déroule normalement et, dès l'aube, Charles adresse un télégramme à son ami belge. « Nous nous sommes arrangés avec celui que tu nous as envoyé. Stop. Tout va très bien. Stop. C'est un triomphe. Stop. Retiens-moi chambre Métropole 3 janvier. Charles »

Le musicien qui a sauvé la mise s'appelle Franz André. Violoniste de formation, il s'est fait connaître en devenant le chef du premier grand orchestre symphonique de Radio Belgique. Mondialement réputé pour sa direction d'œuvres classiques et contemporaines, il excelle aussi dans le domaine de la variété, où il se faufile de temps à autre, pour le plaisir. Charles a fait sa connaissance au mois d'octobre 1945, quand il l'a accompagné à Bruxelles, au Palais des Beaux-Arts, le temps de 30 chansons, parmi lesquelles figurent « Y'a d'la Joie ! », « Je chante », « La vie qui va » et quelques autres classiques, auxquels il a mêlé des couplets plus méconnus, comme « Vous souvenez-vous grand-maman du petit chat blanc ? », qui datent de 1942 et dont on trouve seulement la trace dans le 10e volume d'une intégrale sortie chez Frémeaux et Associés. Une perle que Charles connaît néanmoins par cœur « comme toutes les autres chansons de son répertoire », précise le programme édité à l'occasion de deux soirées exceptionnelles : des récitals d'adieu avant son départ pour les Amériques...

La conquête de l'Amérique : une folle aventure, quatre siècles et demi après celle de Christophe Colomb, 15 ans après celle de Maurice Chevalier, devenu star à Hollywood, et 10 ans après celle de Jean Sablon, le « crooner français numéro 1 », à qui Charles et Johnny doivent leur premier succès outre-Atlantique, « Vous qui passez sans me voir ». Lucienne Boyer y a également triomphé grâce à une chanson immédiatement devenue culte, « Parlez-moi d'amour ». Elle a permis à celle que l'on surnomme « la Dame en bleu » d'être ovationnée comme un chef d'État, quand elle a descendu la 5e Avenue à bord d'une décapotable.

Charles n'en est pas là lorsque William Morris, le plus grand imprésario du moment, lui confirme son intention de concrétiser un contrat signé en 1938, quand l'agent avait repéré chez le jeune Trenet au physique proche d'un Harpo Marx un sens du swing apte à séduire le public d'outre-Atlantique. Il propose en même temps une stratégie à laquelle Trenet adhère sans la moindre hésitation : une communication ciblée dans les semaines qui précèdent son arrivée, des débuts modestes dans une salle prestigieuse, suivie d'une montée en puissance qui devrait le conduire, quelques mois plus tard, à se retrouver en haut de l'affiche, dans les plus grands cabarets d'Hollywood.

L'événement commence par faire le tour de la capitale. Trenet donne le coup d'envoi en annonçant ses « derniers concerts à Paris» avant son départ aux Amériques. Ceux-si se dérouleront en novembre 1945 au Club des Cinq, un cabaret du Faubourg Montmartre ainsi baptisé parce qu'il a été créé au lendemain de l'Armistice par cinq gradés de la 2e Division blindée de la Division Leclerc qui a libéré Paris le 25 août 1944. Au début du mois de décembre, *The Billboard*, le plus grand magazine américain consacré au monde du disque, révèle la venue prochaine d'un «Frenchy» qui triomphe en France et dispose de bien des atouts pour devenir une star US. Au début du mois d'avril 1946, Virginia Forbes, chroniqueuse vedette de *The New York Sun*, un quotidien à grand tirage, annonce qu'il débutera le 26 avril à l'Embassy Club, un cabaret de 500 places, au cœur de la 57e Avenue, où les nourritures intellectuelles sont précédées d'autres, plus terrestres, puisqu'on y dîne avant le spectacle. Elle précise ignorer le montant exact de son cachet, mais assure que, d'après les informations qu'elle a pu recueillir, il est «fabuleux». Dans un pays où «*Time is money*», la précision est d'importance. Elle permet à un public en puissance de mesurer l'importance de l'événement qui se prépare. La journaliste pose ensuite à ses lecteurs la question essentielle : «Avez-vous entendu parler de Charles Trenet?» Ne doutant pas que la réponse sera négative, elle y répond dans les lignes qui suivent. Elle le présente comme «la plus grande révélation dans le monde de la chanson depuis Maurice Chevalier». On ne peut rêver plus belle comparaison, ce dernier étant devenu à Hollywood, au début des années 30, la première grande star française du cinéma parlant et chantant, symbole de Paris au même titre que la tour Eiffel. D'autres articles complètent une campagne parfaitement orchestrée par des pionniers de ce qui deviendra, un demi-siècle plus tard, le marketing.

Dans ce domaine, Charles n'est pas en reste. Quelques jours avant le grand départ, il claironne sur les ondes de la Chaîne Parisienne (France Inter aujourd'hui) qu'il ne reviendra sans doute pas en France avant un an, voire plus si affinités avec les Américains. Face au dépit de ses interlocuteurs, il assure avoir enregistré une série de 80 émissions *Trenet par Trenet* qui seront diffusées en son absence. Le nombre d'émissions est, en réalité, beaucoup moins important, mais peu importe. Le sérieux qu'il affiche en révélant cette information est suffisamment crédible pour calmer d'éventuelles protestations de ses fans.

Le 25 avril 1946, à peine débarqué d'un avion à bord duquel il a passé 15 heures, et dont l'un des quatre moteurs a flambé au-dessus de l'Atlantique, il met le feu à l'Embassy, qui affiche complet. En un temps où l'image de la France est au plus haut, les débuts d'un « Frenchy » célèbre à Paris est une soirée que le Tout-New York ne doit évidemment pas manquer. C'est ce qu'il se produit. Parmi les personnalités présentes, les photographes n'ont d'yeux que pour Lana Turner. L'actrice est alors au cœur de l'actualité cinématographique, avec *Le facteur sonne toujours deux fois* où elle fait merveille dans un rôle de femme fatale. Joan Crawford, en revanche, brille par son absence. Chacun était persuadé qu'elle serait là, Trenet ayant confié, dans des entretiens à plusieurs quotidiens, qu'il l'admirait plus que tout au monde, et rêvait de l'épouser.

C'est le public, ce soir-là, qui va être à la noce. En 45 minutes, il découvre, stupéfait, qu'à l'inverse d'une légende qui perdure, les Français savent danser sur d'autres rythmes que la polka. Ils applaudissent un artiste qui bondit, swingue comme personne. Ils tombent sous son charme, même s'ils ne comprennent pas la plupart des paroles de « Boum » ou de « Y'a d'la Joie ! ». Ses chansons n'étant pas encore traduites en anglais, Trenet a décidé – presque contraint et forcé – de se produire en français. Si, comme tout le monde l'espère, il parvient à tracer son sillon, ses producteurs commenceront à faire traduire ses chansons. En attendant, Charles décide néanmoins d'honorer la terre qui l'accueille en ajoutant à ce récital qu'il a rodé en France une interprétation en anglais de « Old Man River ». En guise d'introduction, il dit son amour pour ces couplets créés 20 ans auparavant à Broadway dans la comédie musicale *Show Boat* et régulièrement repris depuis par des stars du music-hall, aux États-Unis comme ailleurs. Quand Charles les a entendus pour la première fois à Paris, à ses débuts, il était bien loin d'imaginer qu'il chanterait un jour cette rivière après avoir traversé un océan, l'Atlantique.

Au moment des rappels, devant un public debout qui l'ovationne en français, un chien bondit des coulisses. Il tient dans sa gueule une pancarte sur laquelle il est écrit « *Welcome* ». Charles éclate de rire, et fait une caresse à ce toutou qui rebrousse chemin, après avoir jeté au public un regard complice. À cet instant, le plus cabot n'est pas celui que l'on croit…

À la sortie, dans le hall, deux régisseurs dressent l'oreille pour écouter les commentaires qui fusent. Le patron les a chargés de les recueillir le plus discrètement possible. Ils semblent unanimes. « *Wonderful, marvelous, divine !* », lance une jeune femme, visiblement tombée sous le charme de ce jeune homme blond que la rumeur publique dit célibataire. « On dirait un personnage de dessin animé », s'exclame celui qui l'accompagne. Son voisin surenchérit : « On m'en a dit tellement de bien que je suis spécialement venu de Chicago pour la soirée. C'est la première fois que j'applaudis un tel interprète. »

Le récit de ce qui précède ne relève pas de la fiction. Comme vous, bien entendu, je n'étais pas sur place. Je dois ces précisions à Trenet lui-même. Le 24 août 1946, la William Morris Agency lui adresse sept feuillets où se trouvent réunis des extraits, tapés à la machine, des articles que les quotidiens et magazines lui ont consacrés pendant les deux premiers mois de sa conquête de l'Amérique. Faute de temps, et convaincu que le faire savoir est aussi important que le savoir-faire, Trenet adresse directement l'ensemble de ces critiques, dithyrambiques, à Julot Verbeeck, à Bruxelles. C'est ainsi que j'ai pu en prendre connaissance. Au dos de l'un de ces feuillets, il a écrit : « Voici les extraits de la presse américaine pendant les deux premiers mois à New York. Tu peux t'amuser à les traduire. » Ce réflexe n'est pas anodin et ne doit rien à l'ego de l'expéditeur. En ces décennies pré-internet, il n'y a rien de plus simple pour un artiste en mal de communication de lancer à son propos des informations aussi crédibles qu'invérifiables. Une fois relayées par la presse, elles servent sa notoriété, voire sa légende. Sauf lorsqu'un journaliste, un peu plus malin que les autres, découvre, selon cette formule chère au poète, que « la vérité ne sort pas forcément de la bouche du métro ». C'est dire si Charles estime nécessaire de la dire, preuves à l'appui, pour demeurer ce que l'on appelle justement une locomotive...

La première de ces critiques est signée Robert W. Dana, le critique du *New York World Telegram*, un quotidien largement diffusé dans la ville. Le 1er mai, il est justement le premier à applaudir des deux mains, par plume interposée, celui qu'il surnomme « le Sinatra français ». Le même jour, dans *Variety*, la bible du show-business, un journaliste prénommé Abel assure que ce « *french singer* » dispose des qualités et des atouts pour devenir sans tarder une star de la radio, du disque et de la scène. Le 6 mai, le critique du *Time Magazine*, le plus ancien et le plus lu des hebdomadaires américains, enfonce le clou un peu plus encore. Il avoue être immédiatement tombé sous le charme de ce lutin bondissant, aux yeux qu'il sait si bien faire rouler, à la voix de ténor, dont le répertoire fait irrésistiblement penser à celui de Maurice Chevalier. Il ne précise pas, car il l'ignore sans doute, qu'en 1937, ce dernier lui a mis le pied à l'étrier en créant « Y'a d'la Joie ! ». Son confrère de *Newsweek*, l'autre grand magazine d'actualité, partage son avis. « Après le bicorne de Napoléon, le canotier de Maurice Chevalier, voici le feutre du Fou chantant », écrit-il, en guise de coup de chapeau. Enfin, *The New Yorker* précise que ce natif de Narbonne, une ville dont le nom ne dit pas grand-chose à l'Américain moyen, est un inconditionnel de Glenn Miller, de Bing Crosby, qu'il a rencontré à Paris, et surtout de George Gershwin. Trenet a d'ailleurs confié à une journaliste, Marie Torre, que ses mélodies ont tellement bercé ses jeunes années qu'enfant, lorsque sa mère l'appelait pour dîner, il répondait : « Je ne peux pas venir, je suis à New York avec monsieur Gershwin ! » Ce compositeur de génie est mort en 1937, l'année où Charles a débuté. Son plus grand regret est de ne l'avoir jamais rencontré pour lui dire l'admiration qu'il lui portait. Trenet conclut l'interview en annonçant qu'il va rendre hommage au créateur de *Un Américain à Paris* en composant une symphonie intitulée *Un Parisien à New York*. Il envisage même de la transformer en une comédie musicale susceptible d'être jouée à Broadway. Il est en train d'en imaginer le synopsis. Il glisse ce scoop à l'oreille de son interlocutrice au terme d'un entretien au 102e et dernier étage de l'Empire State Building, le bâtiment le plus haut de la ville. C'est dire si, à la lecture de cet article et des précédents, il éprouve le sentiment d'avoir déjà atteint un sommet.

Comment en est-il arrivé là ? Que s'est-il passé pendant ces huit semaines où Trenet s'est retrouvé emporté dans le tourbillon de la vie new-yorkaise ? Tout cela s'est déroulé si vite qu'il n'a même pas trouvé le temps de se poser la question. Retour à l'Embassy, le 25 avril 1946, une demi-heure après la fin de son premier récital. Dans un bureau proche des coulisses, Charles retrouve William Morris, son agent, et Bill Miller, le directeur du cabaret. Ses traits ne semblent pas marqués par le long voyage, le décalage horaire et les 45 minutes passées sur scène. « C'est très bien, mais c'est dix chansons de trop », lui dit en substance Bill Miller, après les félicitations d'usage. Le visage du « Fou chantant » se ferme instantanément. Le ton monte. Il entre dans l'une de ces colères dont il a le secret. Il a respecté son contrat en interprétant les 18 titres de son dernier récital à Paris, au Théâtre de l'Étoile. Il a même eu la gentillesse d'en ajouter un, en anglais, qu'il a appris dans l'avion, au lieu de prendre le temps de se reposer. Voilà comment on le remercie ! En lui demandant de réduire sa prestation, d'en faire, qui sait, encore moins que lors de ses débuts à Paris, à l'ABC, le 25 mars 1938 ? Bill Miller l'interrompt en souriant. Il lui demande de se calmer et d'écouter ses arguments. Il lui précise qu'il ne s'agit pas d'une sanction, bien au contraire. Devant l'air surpris de son interlocuteur, il s'explique. Pour les Américains, le temps, ce n'est pas toujours que de l'argent. À l'Embassy, comme dans d'autres cabarets de New York, pour que le spectateur en redemande, il faut le laisser sur sa faim. Autrement dit, moins on lui en donne, plus on a de chance de gagner ! Bill Miller souhaite donc que le contrat soit respecté, mais d'une autre façon. Il propose que le récital soit découpé en trois parties : au début, au milieu et dans la dernière partie de la soirée. Charles l'écoute sans broncher, mais se montre dubitatif. Il accepte, néanmoins, de faire un essai, dès le lendemain. Et ça marche ! Chaque fois qu'il quitte le plateau sans revenir pour saluer, le public le réclame sur l'équivalent américain de l'air des lampions. Bill Miller avait raison ! Le « Fou chantant » devient la « vedette française » du spectacle, celui qu'en France, on appelle « la vedette américaine ». Le principe des vases communicants, appliqué au music-hall... La demande est telle que son contrat, prévu pour deux mois, se trouve prolongé de dix semaines.

Petit à petit, Trenet évolue, il rectifie. On lui rapporte un soir que certains spectateurs lui reprochent de parler un peu trop vite, dans une langue qu'ils ne maîtrisent pas, voire qu'ils ne comprennent pas. Le message est immédiatement reçu cinq sur cinq ! Charles décide qu'il chantera désormais beaucoup en français, et un peu dans un anglais qu'il commence à maîtriser. Non sans mal. Les quelques vagues souvenirs qu'il a conservés de ses années au lycée de Perpignan lui ont permis de sauver les apparences pendant quelques jours. Il a répondu par des sourires, parfois par «*yes*» ou «*no*» à des interlocuteurs dont il ne comprenait pas toujours la question. Aucun incident diplomatique n'a été toutefois à déplorer.

Soucieux d'améliorer rapidement le dialogue, il choisit de retourner à l'école, mais pas n'importe laquelle : celle qu'il considère comme la meilleure, l'école de la rue. Chaque matin, il confie ainsi ses chaussures à un jeune cireur particulièrement disert et, à force d'écouter pendant une trentaine de minutes ses commentaires et ses réflexions sur l'actualité ou l'air du temps, il apprend des phrases, des tournures et des expressions qui lui permettent de faire rapidement de très gros progrès. C'est ainsi qu'il se dit qu'en traduisant ses propres rôles, il ne risque pas que sa pensée soit trahie... Après un moment d'hésitation entre plusieurs chansons, il choisit un texte de 1937, peu connu mais dont le titre est facilement compréhensible dans toutes les langues : « Chanson d'amour ». Armé d'un dictionnaire franco-anglais, et réciproquement, il commence par écrire : « *You are the song of my love / You are the song of my heart / With your refrain I've never blues...* » Il ne va pas plus loin. Les mots qui lui viennent si vite dans la langue de Molière coulent beaucoup moins facilement de sa plume de l'autre côté de l'océan. C'est ainsi qu'il donne le feu vert à son agent pour confier quelques-uns de ses textes à Harold Rome, un librettiste de renom. La langue française lui est familière et il est l'auteur de revues qui font alors les beaux soirs de Broadway, parmi lesquelles *Pins and Needles*, qui affiche alors complet. Dans ses dialogues, il y a de l'humour, de la poésie et du rythme. Il dispose donc de toutes les qualités pour devenir l'homme de la situation. Un contact est établi avec Harold Rome qui, sans la moindre hésitation, accepte de s'atteler à la tâche. Il a vu Trenet à l'Embassy, et il est fan ! Son choix, aussitôt approuvé, se fixe sur la mélodie la plus

« swing », donc la plus susceptible de toucher immédiatement des oreilles américaines. « J'ai ta main » devient ainsi « *Your hand in my hand* » : « *Here we go, holding hands / Just like kids, you and Me / In a glow, holding hands / As the hours go by...* »

Charles se montre satisfait. Il félicite l'adaptateur qui ne l'a pas trahi, bien au contraire. Il lui précise que « J'ai ta main » demeure, dans son souvenir, la première chanson d'amour qu'il ait enregistrée, huit ans auparavant. Grâce à cette nouvelle version, elle va toucher bien d'autres cœurs. En 24 heures, il apprend phonétiquement ces couplets et les ajoute à son répertoire. L'accueil du public et de la critique l'encouragent à persévérer en interprétant quelques autres refrains en ce que certains Américains appellent l'« anglais *gallic* ». C'est ainsi que, très vite, il remplace « Boum » par « *Boom* », « En écoutant mon cœur chanter » par « *My heart sings* » et « La polka du Roi » par « *The Royal Polka* ».

Une nouvelle voie royale s'ouvre en même temps à lui, grâce à la radio. On l'invite à chanter en direct, accompagné par un grand orchestre, dans deux émissions publiques importantes. Le triomphe est tel qu'à la sortie, il doit faire vite pour échapper à une foule d'admiratrices enthousiastes qui veulent le toucher, l'embrasser, lui faire signer une photo. Les vigiles de service sont obligés d'intervenir afin que certaines d'entre elles, parvenues à s'accrocher à son cou, n'arrachent un morceau de sa veste. Ce qui représenterait toutefois un déchirement plus physique que moral.

Sa garde-robe se trouve alors soigneusement rangée dans la suite que l'Embassy a louée pour lui au 30e étage de l'hôtel Plaza, l'un des palaces les plus chics de New York. Il éprouve, quelque part, l'impression de se sentir un peu chez lui puisque, tranchant avec les gratte-ciel voisins, le bâtiment ressemble aux châteaux français de la Renaissance. Mais la nature et les arbres lui manquent. Il veut déménager, et vite. Il explique à Bill Miller qu'il ferait sans doute une économie substantielle en le logeant dans un immeuble moins luxueux, mais plus adapté à son besoin de respirer. L'argument financier se révèle imparable. Quelques jours plus tard, Charles s'installe au 22e étage de l'hôtel Saint-Moritz, aujourd'hui disparu. La terrasse de 10 mètres de long, qui donne sur le sud de Central Park, lui permet de s'offrir des bains de soleil, dans les moments où il n'a pas rendez-vous avec la lune.

Le soir, quand le spectacle est terminé, Trenet vagabonde dans les rues d'une ville dont le décor, l'ambiance et la lumière correspondent exactement aux images qu'il s'en faisait à travers les écrans de cinéma. Une nuit, dans un bar de Harlem, il découvre un trio composé d'un bassiste, d'un guitariste et d'un chanteur dont le jeu ne manque pas de le surprendre. Jouant du piano debout, bien avant que Michel Berger ne mette l'expression à l'honneur, il parvient à transformer son timbre de voix, en s'éloignant ou en se rapprochant du micro. Le principe est aussi simple qu'efficace, mais Charles n'y avait jamais pensé. Il va l'appliquer, en particulier pour apporter un peu plus d'intimité encore à son interprétation de « Que reste-t-il de nos amours ? ». En précisant qu'il doit cette idée à ce musicien alors inconnu, mais qui allait devenir célèbre dans le monde entier : un certain... Nat King Cole. Quelque temps plus tard, en passant devant un bar, le Metropole Cafe, il remarque, à l'entrée, une ardoise annonçant que l'animation musicale est assurée par Louis Armstrong. Il est convaincu qu'il s'agit d'un homonyme ! Dans son esprit, le trompettiste est une star qui n'a rien à faire dans ce bouge ! C'est dire sa stupéfaction quand il aperçoit sur une scène minuscule celui que l'on surnomme Satchmo, interpréter des classiques de la Nouvelle-Orléans. Il souffle dans sa trompette dans la quasi indifférence de la dizaine de consommateurs présents. Ce génie dont les 78 tours s'arrachent par centaines de milliers dans le monde entier n'est visiblement pas prophète en son pays. La raison ? La couleur de sa peau qui l'a enfermé dans un ghetto dont il ne va sortir que très tardivement.

Une vie heureuse et poétique à Bruxelles. La dédicace-remerciement de Charles sur une photo officielle de ses débuts en 1939.

La Varenne 22 décembre –

Mon cher Julot – Voici les cartes postales que vous me demandez – j'en ai mis un petit choix – j'espère qu'elles vous permettront de contenter quelques amis et admirateurs –

L'offre faite pour l'article est si dérisoire (ça fait 50 fr belges) que je vous prie de ne pas répondre à cette marque – ou journal – Ici on paie plus cher le plus vulgaire "chien écrasé" – Ceci est en dehors de vous – bien entendu – car je sais que vous faites toujours le maximum en zèle et bonne volonté – Mais voyez – vous – Julot, je préfère offrir l'article – que de recevoir 2000 francs. Mais je ne l'offrirai pas – à moins qu'un grand quotidien – ou un grand hebdomadaire ne le prenne – Je ne connais pas même de nom la firme dont vous parlez – Laissons ça – voulez-vous – Je n'en voulais pas faire une question de gain – D'autre part comme je vous l'ai écrit c'est un mauvais principe que d'écrire gratuitement pour la presse, car cela handicape les journalistes professionnels qui vivent eux – de leurs articles – hein – et n'y pensons plus –

Oui – Charles est au Chili – à Santiago – hôtel Crillon – jusqu'après Noël – Ne soyez pas surpris de n'avoir pas de lettre – Moi – même à qui il écrit régulièrement je n'en ai pas eu depuis trois semaines mais seulement des câbles. Sans doute est-il très occupé par ces différents voyages et les répétitions avec des orchestres inconnus – Ses câbles me donnent de ses nouvelles excellentes – cela bien sûr ne me remplace pas ses lettres – mais d'autre part ce sont des nouvelles si récentes qu'elles me font toujours une immense joie – Son dernier câble était de samedi dernier 17 décembre –

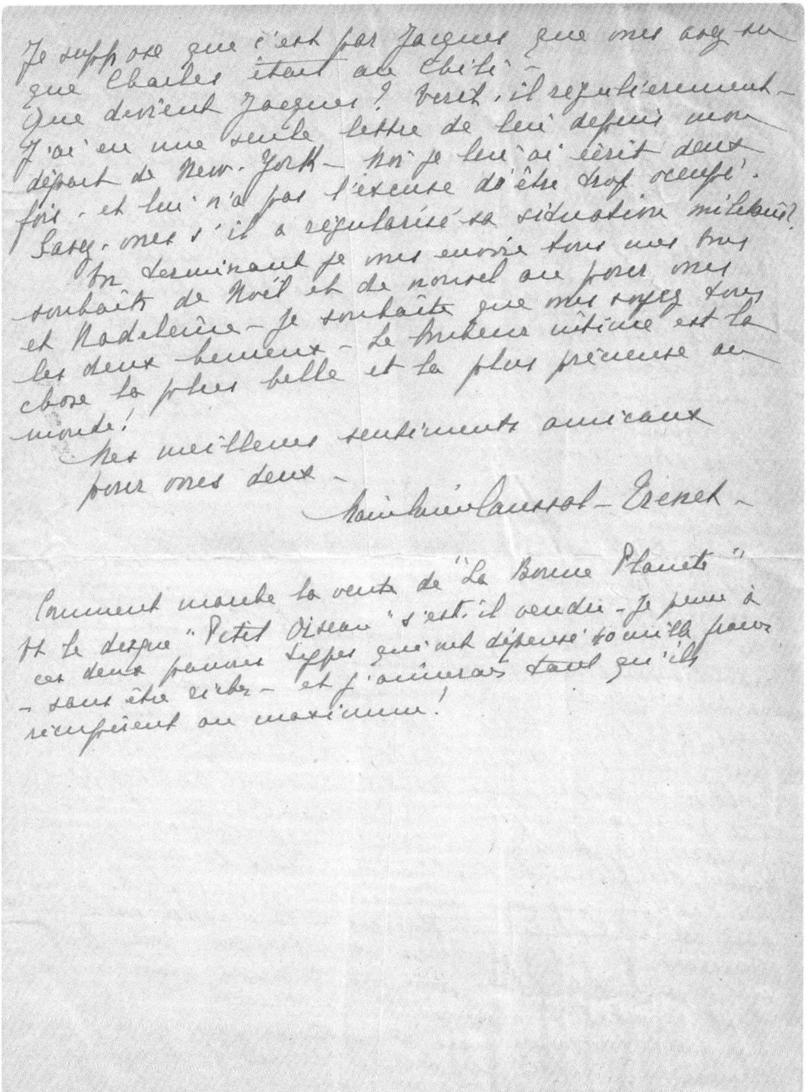

Je suppose que c'est par Jacques que vous avez su
que Charles était au Chili —
Que devient Jacques ? Vend-il régulièrement —
J'ai eu une seule lettre de lui depuis mon
départ de New-York — moi je lui ai écrit deux
fois, et lui n'a pas l'excuse d'être trop occupé.
Savez-vous s'il a régularisé sa situation militaire ?
En terminant je vous envoie tous mes bons
souhaits de Noël et de nouvel an pour vous
et Madeleine — Je souhaite que vous soyez tous
les deux heureux — Le bonheur intime est la
chose la plus belle et la plus précieuse au
monde !
Mes meilleurs sentiments amicaux
pour vous deux —
Marie-Louise Caussat-Trenet —

Comment marche la vente de "La Bonne Planète"
Et le disque "Petit Oiseau" s'est-il vendu — Je pense à
ces deux pauvres types qui ont dépensé 80 mille pour
— sans être riches — et j'aimerais tant qu'ils
récupèrent au maximum !

Lettre de Marie-Louise Caussat-Trenet, la « fondée de pouvoir » dans l'ombre de son fils. Découverte, comme beaucoup d'autres, dans les archives de Julot Verbeeck.

Mon cher Président
voici la réponse !

1.- Appréciez-vous les joies de la vie militaire ?

La joie et la vie qu'elles soient militaires ou non sont toujours appréciables. Il y a joie tant qu'il y a vie et puisque la vie est militaire, vive la joie aux armées !

2.- Continuez-vous à vous intéresser à votre art ?

oui. et mon art me le rend bien en me poursuivant partout de musiques (ici de flonflons !)

3.- De quelle façon ?

J'écris, je chante pour mes amis soldats quand mes heures d'école de pilotage me le permettent.

4.- Les poilus de votre unité apprécient certainement la présence de Charles TRENET parmi eux ?

Il n'y a dans mon unité ni « poilus » ni poids lourds. Tout le monde est jeune les officiers sont épatants et je ne rencontre que des sourires.

5.- Quelle est votre opinion au sujet de la tournure que vont prendre les hostilités ? Il va sans dire que nous Belges croyons à la victoire des démocraties. Mais est-elle imminente ?

(Si vous estimez la présente question indiscrète, veuillez bien n'en pas tenir compte)

Mon opinion est celle du monde entier : Victoire Française et des alliés. Votre fou-allié !
Amicalement à vous
Charles Trenet.

Mobilisé pendant la « drôle de guerre », le caporal Trenet répond aux questions du Président du Club que Julot Verbeeck vient de créer. Comme beaucoup de Français, il n'imagine pas les « quatre années de grisaille » qui l'attendent.

Le 9 mai 1940, le caporal Trenet profite d'une permission pour donner un récital à Perpignan : le dernier avant le début de l'Occupation.

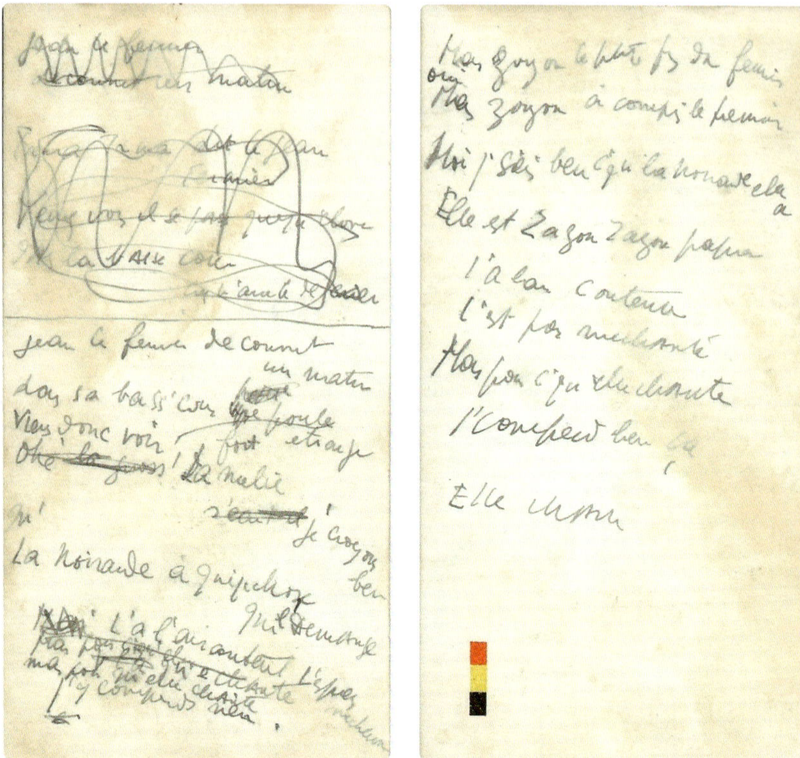

La légende prétend que « La poule Zazou » a été écrite en 1943, à Bruxelles, pendant le déjeuner précédant un enregistrement pour lequel il manquait un titre. La légende dit vrai, comme le prouve le carton du brouillon conservé par l'ami belge Julot Verbeeck.

Charles par Trenet : autoportrait officiel, présent sur les programmes de tous ses récitals entre 1945 et 1999.

Dans l'immédiate après-guerre, Trenet chante avec l'espoir de panser les blessures morales. Cette page figure au dos du programme d'un récital à Bruxelles organisé le 28 juin 1945 au bénéfice de l'Aide Paysanne aux Enfants des Villes.

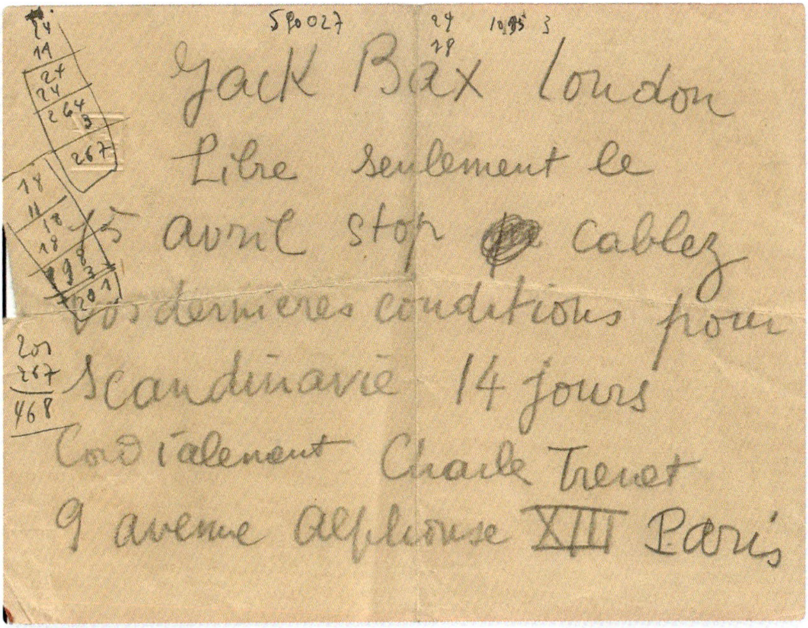

Jack Bax London
Libre seulement le 15 avril stop cablez
vos dernieres conditions pour
Scandinavie 14 jours
Cordialement Charles Trenet
9 avenue Alphonse XIII Paris

Chantant mais pas si fou quand il s'occupe des « affaires magnifiques » que sont ses récitals autour du monde entre 1945 et 1951.

Charles en homme-sandwich, à Bruxelles, en 1945. Une image dont il a eu l'idée pour assurer la promotion de ses récitals. Charles Trenet a souvent été à l'origine de ce qu'il appelait des « photos poétiques ».

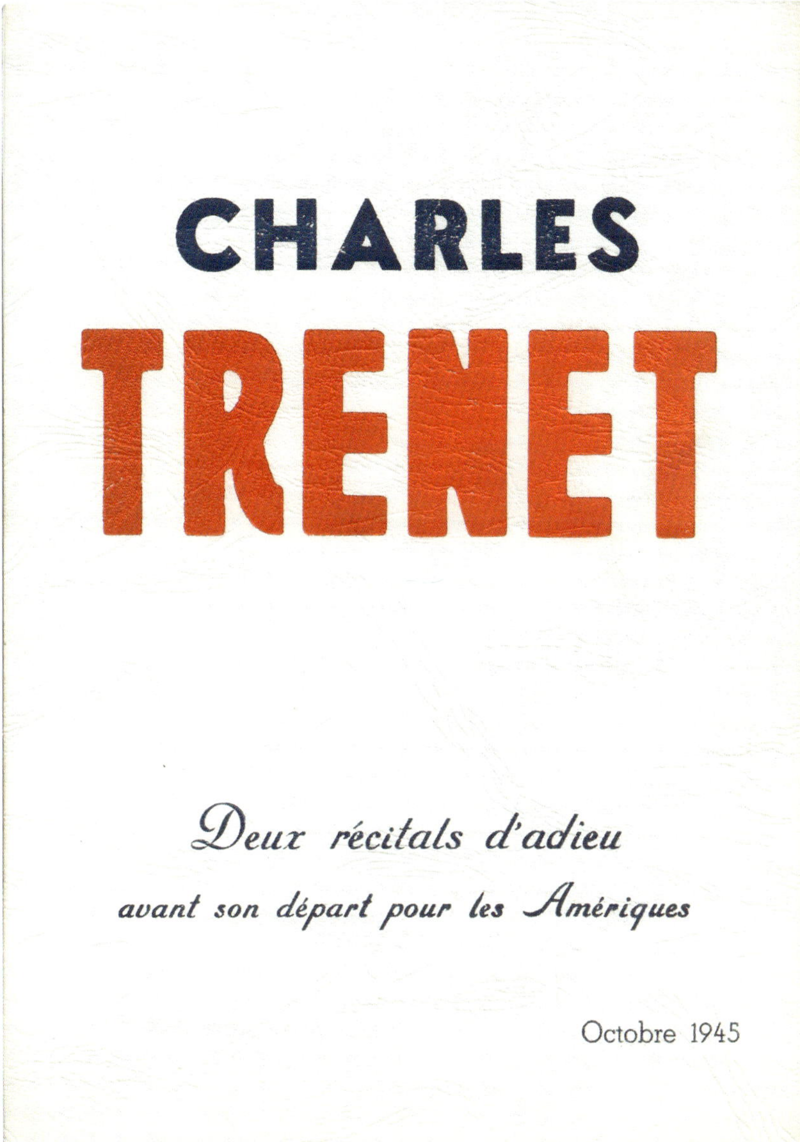

CHARLES

TRENET

Deux récitals d'adieu

avant son départ pour les Amériques

Octobre 1945

Adieux ou au revoir ? Charles l'ignore, en octobre 1945, à la veille de partir conquérir l'Amérique. Son contrat prévoit deux ans de tournée, voire plus...

L'affiche annonçant les débuts à New York du « French Singer », le 25 avril 1946.

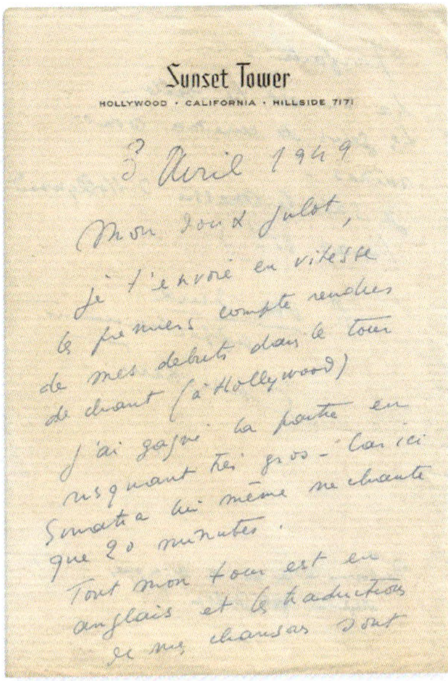

Sunset Tower
HOLLYWOOD · CALIFORNIA · HILLSIDE 7171

3 Avril 1949

Mon doux Julot,

Je t'envoie en vitesse
les premiers compte rendus
de mes débuts dans le tour
de chant (à Hollywood)
J'ai gagné la partie en
risquant très gros - Car ici
Sinatra lui même ne chante
que 20 minutes.
Tout mon tour est en
anglais et les traductions
de mes chansons sont

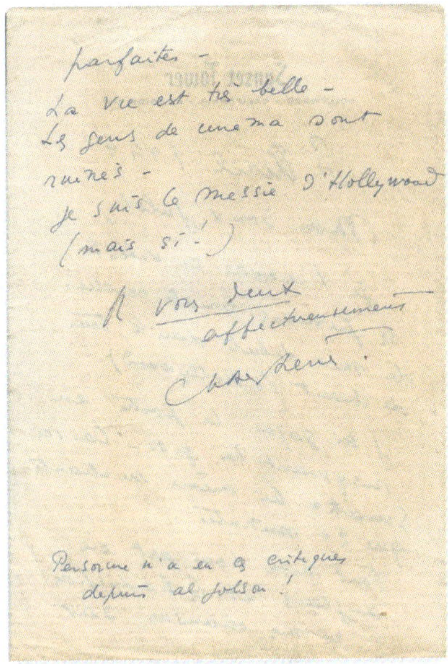

parfaites -
La vie est très belle -
Les gens de cinema sont
ruinés -
Je suis le messie d'Hollywood
(mais si !)

A vous deux
affectueusement
Charles

Personne n'a eu ces critiques
depuis Al Jolson !

1949 : Trenet a conquis Hollywood mais n'a pas été conquis par le monde du cinéma. Il l'écrit à Julot depuis sa suite du Sunset Tower, un hôtel légendaire où John Wayne et Howard Hugues ont résidé.

CHARLES TRENET

ambassadeur de la
chanson française

au

CASINO DE KNOKKE
LE ZOUTE - ALBERT PLAGE

20-21 AOUT 1950

Ambassadeur de la chanson française en Amérique, Charles Trenet revient en Europe pour ce que l'on appelle, à tort, des vacances.

« Trenet is terrific ». Sa conquête de l'Amérique est passée par les grandes salles et les cabarets d'Hollywood, comme celui du Palace Hôtel où l'on dîne avant le spectacle (1949).

Entre 1960 et 1966, Charles se produit presque exclusivement à l'étranger, où il affiche complet. Il juge l'époque yé-yé « formidable, parce qu'elle met la médiocrité à portée de tous ».

10.

Un rodéo au Canada

L'après-spectacle est aussi, pour Charles, l'occasion de se faire de nouveaux amis ou d'en retrouver certains. Un soir, il dîne avec Jean Clément, un chanteur français qu'il a souvent croisé dans les coulisses des cabarets et des music-hall, au temps de son duo avec Johnny Hess. Dans les années 30, Jean Clément a été en France, dans le petit monde de la chanson, ce qu'au cinéma, on appelle un « second rôle ». Il a enregistré une vingtaine de 78 tours qui ont trouvé un public modeste, mais fidèle. En 1940, au lendemain de l'entrée des Allemands dans Paris, il décide de quitter la France pour s'installer au Canada. Des connexions lui permettent, en 1941, d'enregistrer un pot-pourri de chansons canadiennes traditionnelles. Sur ce disque figurent « Vive la Canadienne », premier hymne national des Canadiens français, et « En roulant ma boule » que l'on fredonne depuis plusieurs générations dans les familles. Jean Clément interprète également, sur ce 78 tours, « À la claire fontaine », et d'autres airs du répertoire folklorique français. Au début du XXe siècle, ils sont entrés dans les foyers de ce que l'on appelle « la belle Province », grâce à Eugène Danton, un baryton canadien. Repris en chœur, le soir, à la veillée, ils se sont petit à petit, et presque naturellement, intégrés au patrimoine local.

Après avoir échangé de vieux souvenirs avec Jean Clément, Charles lui demande de lui parler du Canada, ce pays où il n'est jamais allé mais qu'il rêve de découvrir. Il a le sentiment instinctif qu'il s'y sentira comme chez lui. Jean Clément le lui confirme. « Tu adorerais les Canadiens, et tu chanterais avec eux », lui dit-il, avant d'ajouter, « ils ne te connaissent pas, mais ils connaissent au moins une de tes chansons ». Devant la surprise de son interlocuteur, il s'explique. « La route enchantée », qui a donné son titre au premier film de Charles, en 1938, est actuellement un grand succès au Canada grâce à Alys Robi. Alys Robi ? Ce nom dit quelque chose à Trenet, mais quoi ? Jean Clément lui rafraîchit la mémoire. De son vrai nom Marie Albertine Alice Robitaille, elle a débuté à l'âge de quatre ans. Adolescente, elle a remporté des concours d'amateurs, avant de se produire dans les cabarets et à la radio, où elle a également animé plusieurs séries d'émissions. Des tournées l'ont conduite en Europe, en particulier en Angleterre et en France, où elle a découvert « La route enchantée » qu'elle a aussitôt décidé d'enregistrer.

L'information ne tombe pas dans l'oreille d'un sourd ! Dès le lendemain, un premier contact est établi avec un producteur de Montréal. Le contrat avec l'Embassy se terminant à la fin du mois de juin, tout est possible ensuite. Dans l'heure qui suit, les Canadiens proposent une date dans la première semaine de juillet. Charles accepte puis se récuse, 24 heures plus tard. Il ne s'agit pas là de l'un de ces caprices que lui reproche sa mère, mais d'un désir liminaire. Il n'est pas question qu'il chante devant ces Français d'Amérique sans les avoir observés au préalable, sans connaître parfaitement leur comportement, afin que ce qu'il pourra leur dire entre deux chansons fasse mouche. C'est essentiel s'il veut se donner toutes les chances pour que ce premier concert soit suivi de beaucoup d'autres. D'autres dates sont proposées dans la foulée, dont l'une, pensent les organisateurs, n'a aucune chance d'être validée : le mercredi 24 juillet 1946. C'est pourtant celle que Charles accepte d'emblée parce qu'il s'agit d'un défi qu'il se sent prêt à relever : chanter en plein air, seulement accompagné par un pianiste, au stade Delorimier de Montréal. Habituellement réservé aux matches de baseball et de football canadien, il peut accueillir jusqu'à 25 000 spectateurs. C'est dire la dimension que prendraient ainsi ses débuts au Canada ! Mais ce n'est pas seulement pour cette raison que Trenet donne son feu vert. Il a appris que l'impact de son récital serait renforcé puisqu'il constituerait… l'attraction concluant un rodéo ! Les Canadiens en raffolent tellement qu'ils n'hésitent pas à parcourir 3000 kilomètres pour se rendre habituellement à Calgary, où cette forme de spectacle est reine. À Montréal, ce ne serait pas n'importe quel rodéo ! Les journaux le présentent comme l'événement de l'été, voire de l'année. Le spectacle sera en effet réalisé par la troupe Wild West, créée à la fin du siècle dernier par Buffalo Bill en personne. Le programme s'annonce exceptionnel : 46 chevaux sauvages seront domptés par des cowboys, un prix de 1000 dollars sera attribué au spectateur acceptant de relever un défi jugé quasi impossible : tenir 10 secondes sur un taureau sauvage baptisé Big Sid. Le public tiendra-t-il ensuite pendant les 18 chansons du récital de Trenet ? Personne n'en doute un seul instant. À commencer par Charles qui considère cette opportunité comme le meilleur des galops d'essai, et pas seulement parce qu'il va inscrire, à son programme, « Vous oubliez votre cheval »…

À la fin du mois de juin, comme prévu, l'Embassy ferme ses portes. À l'issue de la dernière triomphale du « Fou chantant », Bill Miller annonce que Charles vient d'enregistrer des émissions de radio qui seront diffusées dans les six mois à venir. Elles précéderont son retour sur cette scène au début de l'année 1947, à l'issue d'une tournée qui le conduira de Hollywood à Rio de Janeiro. Dès le lendemain matin, Trenet prend la route du Canada. Avant de quitter New York, il poste une lettre à sa mère. Il y énonce son programme pour les semaines à venir. Il est suffisamment inattendu pour que, dès réception, Marie-

Louise prenne, à son tour, sa plume pour en rapporter les détails à Julot Verbeeck. « Charles me dit sa joie d'avoir pu s'évader de New York. Il a troqué le confort des palaces américains et de son appartement contre un matériel de camping. Avant de rejoindre Montréal, il va prendre un peu de détente dans la campagne, vivre incognito en short, les cheveux ébouriffés, tel un jeune garçon. Je pense que cela doit l'amuser beaucoup. C'est très sain en tout cas ! »

Le mercredi 24 juillet 1946 va demeurer, dans la mémoire du « Fou chantant », une journée particulière. En 90 minutes, il devient la nouvelle idole française des Canadiens. Dans les médias, ce récital d'après-rodéo représente le prélude d'une double chevauchée fantastique : une ascension au grand galop pour le poète, mais aussi pour une nouvelle chanson française dont il est le pionnier. Quelque temps plus tard, Édith Piaf, Pierre Roche, Charles Aznavour et les Compagnons de la Chanson vont s'engouffrer sur la route enchantée ainsi ouverte par Trenet.

L'été 1946 se termine. Fin août, Charles arrive à Los Angeles. Un rêve éveillé pour le passionné de films qu'il demeure plus que jamais. Le 4 septembre, au cœur de la ville mythique du cinéma, il débute au Ciro's, le club le plus prestigieux sur Sunset Boulevard. Les grandes stars d'Hollywood viennent régulièrement y passer une soirée. La plupart d'entre elles ont retenu leur table pour ce soir-là. Il n'est pas question de manquer les débuts de celui que la publicité annonce comme « *The sensational French singer* ». Dans les quatre jours précédant ce rendez-vous avec un nouveau public, Charles consacre la plupart de ses journées à répondre, en anglais et avec le sourire, aux questions des innombrables journalistes qui ont demandé à le rencontrer. On l'interroge sur son parcours, mais aussi sur le montant record du cachet qu'il a obtenu pour ces récitals. Il est apparemment payé aussi cher que Bing Crosby dont le 78 tours, « *White Christmas* », vient de pulvériser tous les records de vente de disques. Cette dernière question demeure toutefois sans réponse. Il n'aime pas parler d'argent. Ce qui compte pour lui, à cet instant, c'est de gagner à être connu, voire reconnu.

Le grand soir arrive. Les invités rejoignent leur place sous l'œil attentif d'Hedda Hopper et Louella Parsons, les « commères d'Hollywood ». Ces chroniqueuses mondaines signent les rubriques les plus lues des grands quotidiens américains. En quelques lignes, elles sont capables de faire d'un inconnu une gloire et réciproquement. L'ambiance est électrique, et pas seulement parce que la salle déborde de personnalités qu'on qualifierait aujourd'hui de branchées. Parmi elles, on reconnaît Humphrey Bogart et Lauren Bacall, toujours aussi amoureux, Ava Gardner, ainsi que Ronald Reagan. Ce dernier n'a jamais oublié une soirée qui va se révéler triomphale. Il l'a avoué à Trenet, le 17 juin 1989, à l'occasion de la célébration du centenaire de la tour Eiffel, devant une foule estimée à 500 000 spectateurs. Invité par Jacques Chirac, alors maire de Paris, le président des États-Unis est entré par des coulisses aménagées pour la circonstance. Dans un couloir, il a croisé et immédiatement reconnu le « Fou chantant » qui se préparait pour un mini-concert. J'étais là, à quelques mètres, et me souviens parfaitement de la réaction du locataire de la Maison-Blanche, évoquant ce moment auquel il avait assisté 43 ans auparavant.

À la fin des années 40, Charles aurait pu – qui sait ? – prendre sa place à Hollywood. La possibilité de le voir tourner a alors été très sérieusement étudiée. Quelques jours après la première au Ciro's, il se retrouve dans les bureaux d'Eagle-Lion Films, une jeune maison de production américano-britannique, fondée par Arthur J. Rank. Ce dernier a gagné beaucoup d'argent grâce à des longs métrages religieux, essentiellement diffusés dans les églises et les écoles. Il a décidé d'en investir une partie dans des sujets profanes que les magnats d'Hollywood refusent parce qu'ils ne les trouvent pas suffisamment spectaculaires, donc peu rentables. Il y a un créneau à prendre et Rank a décidé de se donner les moyens de l'occuper. Dans un quotidien de Los Angeles, il lit un article où Charles évoque son désir d'écrire et de réaliser des histoires joyeuses, aussi simples que poétiques. C'est exactement ce qu'il recherche. Le soir même, il se rend au Ciro's où quelques chansons suffisent à le convaincre.

À l'issue du rendez-vous, un contrat avec une option pour quatre films sur deux ans est signé. Trenet a carte blanche pour écrire et réaliser l'histoire de son choix. Il la mettra en scène, assisté d'une équipe technique, et en sera la tête d'affiche. Si le succès est au rendez-vous, ce dont personne ne doute, l'option sur les autres projets sera levée et ils deviendront réalité. Un calendrier est établi. Une rentrée à New York à l'Embassy, des dates à travers les États-Unis et une tournée en Espagne, en Italie et en Angleterre étant déjà signées, le tournage pourra débuter en janvier 1948. Marché conclu !

Quelques jours plus tard, Trenet dépose sur le bureau du producteur un synopsis intitulé *Singing vagabond*. Le personnage principal est un vagabond dont la liberté est menacée lorsqu'il recueille un chien errant auquel il s'attache. C'est lui qui se retrouve en laisse. Il précise qu'il écrira, bien entendu, les paroles et les musiques des chansons de cette histoire, inspirée d'un idéal de vie qu'il a souvent tenté d'atteindre, sans jamais y parvenir : vivre sa liberté en se privant, si cela se révèle nécessaire, des progrès de la civilisation. « Éviter, en quelque sorte, le cou pelé du chien de La Fontaine », conclut-il. Face à l'enthousiasme de son interlocuteur, Charles promet de s'atteler au scénario, dès qu'il en trouvera le temps. Ce qu'il fait, refusant toute manifestation mondaine, à l'exception d'un récital au Ciro's au profit des familles des fusillés de la Résistance française. On ne l'aperçoit jamais dans un cocktail. « Cette publicité qu'on voudrait m'imposer ne m'intéresse pas », déclare-t-il à Kira Appel, la correspondante permanente du quotidien français *Paris-Presse*.

Il ajoute, en souriant : « Je déteste ces cocktails-parties où l'on attrape des crampes aux maxillaires à force de sourire sans défaillance. »

Cette première aventure hollywoodienne se termine à la fin du mois de novembre. « Affaires magnifiques, l'Amérique est conquise et je nage dans la liberté, le bonheur et la joie », écrit Charles à Julot, après avoir remercié le public d'Hollywood pour sa chaleur qui lui a réchauffé le cœur. Il ne change pas de climat en arrivant à Rio de Janeiro où la température avoisine les 30 degrés. Il a un contrat d'un mois, négocié pendant son passage à l'Embassy. Au lendemain de la guerre, les liens entre le Brésil, en plein développement économique, et les Américains sont tels que les échanges amicaux sont aussi culturels.

Charles pose ses bagages au Copacabana Palace. La vue sur la plage « est tellement belle qu'on n'a aucune envie d'aller se coucher », lui assure le concierge en lui faisant découvrir la suite qui lui a été réservée. Il va effectivement peu dormir pendant ces quatre semaines dans un décor qui, trois ans plus tard, va lui inspirer une chanson, « Printemps à Rio ». « L'extase du Brésil » dont il parle dans ces couplets se termine le 30 décembre, quand il se retrouve à l'aéroport avec un billet pour New York. L'idée de quitter ce paradis où la mer est si bleue pour retrouver le gris des gratte-ciel ne l'enthousiasme guère. Hélas, il n'a pas le choix. Et pourtant... Dans le hall, il croise des militaires français qui le reconnaissent et lui demandent des autographes. Charles s'exécute avec le sourire, et entame le dialogue avec ces soldats. Ils lui apprennent qu'ils s'apprêtent à embarquer pour Paris à bord d'un Skymaster, un bimoteur américain. Il les envie ! Paris où il n'a pas mis les pieds depuis un an, et qui lui manque tant. Il demande en riant si, par hasard, il n'y aurait pas une petite place pour lui à bord de cet appareil. Ses interlocuteurs lui répondent par l'affirmative. Ils sont 44 et il y a 50 fauteuils ! Ils ajoutent « Chiche ! » En moins d'une seconde, Charles change d'avis. Il décide de ne pas rentrer à New York, et de passer le réveillon à Paris, en compagnie de sa mère. Sa rentrée à l'Embassy est prévue le 6 janvier. Cela lui laisse largement le temps de traverser l'Atlantique dans l'autre sens. Les contrôles n'étant pas ce qu'ils sont devenus, il se retrouve à bord, heureux de jouer ainsi, à sa façon, les vagabonds. L'excitation est telle qu'il ne parvient pas à dormir. Il lui vient alors l'idée d'une chanson qu'il écrit et compose en moins d'une heure. Il l'intitule « Revoir Paris ». Le titre ayant déjà été déposé, il songe à la rebaptiser « *Come back, mister Back* ». Le moment venu, il va plutôt choisir « Retour à Paris ».

À 8 heures du matin, l'avion atterrit à Orly. Le voici, comme dans la chanson, « roulant joyeux vers sa maison de banlieue où sa mère l'attend ». Elle tombe dans ses bras et il décide de fêter leurs retrouvailles dans une boîte de nuit voisine de la place Blanche, dont le directeur, qui est un ami, organise un réveillon. Charles et Marie-Louise y débarquent à minuit moins cinq. À une journaliste sur place, qui ne manque pas de s'étonner de sa présence, Trenet précise qu'il a parcouru 5000 kilomètres pour le seul bonheur d'embrasser sa mère. Il est de passage pour trois jours et repart ensuite pour New York. Enfin, en théorie...

11.

Marie-Louise, fondée de pouvoir

Je me suis donc toujours demandé, et me le demande encore, comment Charles avait pu prendre le risque d'arriver à New York, le 25 avril 1946, quelques heures seulement avant le tournant de carrière qu'a représenté son premier récital à l'Embassy. À l'origine, le projet était autre. Dans une lettre adressée à son fils le 26 novembre 1945, et conservée par Julot Verbeeck, Marie-Louise écrit : « Quand tu partiras mi-janvier, je viendrai garder la maison ; il ne sera pas bon tant pour les lois sur les appartements que pour la sauvegarde de ce qui s'y trouve, de la fermer quand tu seras en Amérique. » Mi-janvier ? Soit trois mois avant la date prévue ? Qu'aurait-il fait à ne rien faire pendant 90 jours, puisqu'il avait un contrat de première exclusivité avec le cabaret de New York ? Il a finalement changé ses plans et décidé de profiter, jusqu'à la dernière minute, d'une France qu'il ne reverrait peut-être pas de sitôt.

Je n'ai jamais rencontré quelqu'un d'aussi précis que Charles Trenet. Il ne répondait au téléphone qu'à 11 heures exactement, et sur rendez-vous par l'intermédiaire de Georges, son fidèle secrétaire. Il entrait dans un restaurant à l'instant qu'il avait fixé en téléphonant pour retenir sa table. À la veille d'un concert, c'était pareil. Quand il ne connaissait pas un théâtre, il s'y rendait 24 heures à l'avance en voiture, discrètement, repérait les environs et calculait le temps du voyage depuis l'appartement de Nogent-sur-Marne où il s'est installé au milieu des années 80 après avoir vendu sa maison de La Varenne. Cela lui permettait de n'être jamais en retard à une répétition, et d'entrer en scène à la seconde prévue dans son contrat, même si certains spectateurs n'avaient pas encore rejoint leur fauteuil. Enfin, j'ai pu constater combien ses dossiers et ses archives se trouvaient parfaitement classés, dans son appartement de Nogent-sur-Marne, comme dans ses maisons d'Antibes et d'Aix-en-Provence. Il était ce que l'on peut appeler un homme rangé...

Je vous parle d'un temps qu'aux environs de mes deux fois 20 ans, j'ai eu le privilège de connaître : celui du Trenet des années 80-90, à l'heure d'un retour triomphal où il n'a cessé d'être partagé entre bonheur et panique. Heureux de retrouver des salles dont l'ambiance lui rappelle celle de ses débuts en 1938, il est capable de donner le matin son feu vert à une date de concert quelque part dans le monde, et de le regretter l'après-midi même. La raison ? Un trac qui ne l'a jamais quitté, même après 50 ans de scène. Il a été au sommet de son art, et il a peur de décevoir. Il multiplie des prétextes plus abracadabrantesques les uns que les autres, il invente en faisant preuve d'une mauvaise foi qu'il est le premier à ne pas prendre au sérieux. Jusqu'à ses ultimes apparitions en décembre 1999 à la Salle Pleyel, il n'a toutefois jamais annulé la moindre date. D'autres organisateurs de manifestations hors concerts n'ont pas eu la même chance. Il est arrivé que Charles vienne, comme il l'avait promis, et qu'il reparte dans les secondes qui suivent, aussi vite qu'il a débarqué. Je n'emploie pas ce mot au hasard, car la scène dont j'ai été le témoin se situe sur un embarcadère de la rive gauche, près du quai d'Orsay. En cette fin d'après-midi du milieu des années 90,

Charles arrive pour le baptême d'un nouveau bateau de croisière sur la Seine, qui porte son nom. Il est l'invité d'honneur de la soirée, et pour cause. Les autres embarcations, également inaugurées, évoquent des artistes décédés. Il a choisi une tenue de circonstance : un blazer et un pantalon dignes d'un commandant de paquebot. Il ne lui manque que la casquette ! Ne voyant personne accourir pour l'accueillir, il se dirige vers l'entrée où une hôtesse, visiblement un peu perdue, lui demande son carton d'invitation. Le sang du poète ne fait qu'un tour. Il tourne les talons, sans dire un mot. Puis il blêmit quand ses yeux se portent vers un bateau où le nom d'Arletty brille en lettres de feu. Baissant la tête, il aperçoit enfin, posé sur un mur, un morceau de carton où son nom est inscrit en toutes petites lettres. Apparemment, c'est la seule indication prévue sur la coque du bateau dont il est le parrain. Pendant quelques instants, il se demande s'il n'est pas en train d'être la victime d'un canular pour l'émission *Surprise sur prise*. Mais non ! Ce n'est pas Marcel Béliveau qui s'avance vers lui, mais le promoteur du bateau, qu'un témoin a prévenu de l'incident. Il déploie un festival d'excuses qui se heurtent à un mur. Charles ne lui adresse pas la parole, ne se retourne pas et fonce vers sa voiture. Il s'assoit à côté de son chauffeur et d'une voix volontairement de plus en plus faible lance à son interlocuteur, à qui il s'apprête à fermer sa porte au nez : « Je chante demain, je suis en train de prendre froid ! » Ce qui n'était pas tout à fait faux si j'en juge par le ton glacial avec lequel il s'est exprimé. Et il avait bien raison !

Il n'embarque pas non plus, le 3 janvier 1947, à bord de l'avion qui doit enfin le conduire à New York pour une nouvelle série de récitals, qui débute le 13 janvier. Le 2 au matin, à la lecture du *Figaro*, son journal préféré, il découvre des prévisions météo cataclysmiques pour les jours à venir. L'hiver a été marqué, en Europe, par une vague de froid exceptionnelle. Des chutes de neige ont entraîné une température allant jusqu'à moins 20 degrés. Dans certaines régions, elles ont nécessité l'intervention des pompiers, qui ont sauvé des habitants bloqués sur les routes. Quand il apprend que les conditions climatiques sont en train de prendre le même chemin à New York, Trenet se dit qu'il serait plus prudent d'attendre que la tempête ait traversé l'Atlantique pour passer de l'autre côté de l'océan. Il fait prévenir Bill Miller qui, justement, allait lui proposer de décaler sa rentrée de quelques jours. Les New-Yorkais ne sortent plus de chez eux, et pas seulement pour se remettre des festivités de fin d'année. D'un commun accord, la rentrée de Charles est différée d'une semaine.

C'est ainsi qu'avant de revoir New York, il enregistre « Revoir Paris ». Le 9 janvier, un reportage sur cette séance, accompagné des paroles et d'un mot manuscrit de l'auteur aux lecteurs, est publié dans *Ce soir*. Il a offert ce scoop à ce quotidien du Parti communiste, parce qu'il est dirigé par Louis Aragon. Entre poètes, il faut bien s'entraider !

Le 10 janvier, sa valise bouclée, il arrive à Orly où une hôtesse lui explique qu'en raison d'un mauvais temps persistant, l'avion ne décollera pas. Il comprend, approuve même et reprend le chemin de La Varenne. Il revient le lendemain. Pour rien. La météo ne s'est pas améliorée. Là, ça commence à faire trop. On aurait pu le prévenir, ce qui lui aurait permis de rester dans son lit quelques heures de plus. On devine, sur son visage, une certaine crispation qu'il tente en vain de dissimuler. De retour chez lui, il fait prévenir Bill Miller qu'il ne faut pas compter sur lui pour le 13, mais qu'on lui a assuré que le lendemain, le vol ne serait pas annulé. En fait, il doit finalement attendre le surlendemain pour, enfin, prendre place à bord d'un Lockheed Constellation. La passerelle est enlevée, les hôtesses – que l'on appelle alors les « maîtresses de maisons volantes » – et les stewards font les recommandations d'usage et annoncent un décollage imminent. C'est alors que le commandant de bord sort de sa cabine et glisse discrètement à l'oreille d'une hôtesse : « Vérifiez les parachutes des passagers. Il fait un temps affreux sur l'Irlande. » Est-ce une plaisanterie, ou un réel signe d'inquiétude? Charles ne se pose même pas la question lorsqu'il entend cet ordre donné à quelques mètres seulement de ses oreilles. Il bondit de son siège et hurle : « Arrêtez, je veux descendre ! » Il fait un tel scandale que le personnel de bord s'exécute immédiatement. Il se retrouve dans le hall où, bon prince, il n'exige pas que sa valise soit extraite de la soute. Un responsable de la compagnie, très ennuyé par les propos du commandant qui lui ont été répercutés, lui assure qu'elle sera renvoyée dans le vol suivant vers Paris, puis déposée chez lui, à La Varenne. À condition que l'appareil ne sombre pas au large de l'Irlande », conclut Trenet, avant de raconter l'histoire à une journaliste de *France-Soir*. L'article, publié le lendemain, déclenche la colère des dirigeants d'Air France. Ils estiment que monsieur Trenet aurait pu se dispenser de leur faire cette mauvaise publicité. Charles n'en a cure. Il fait répondre que désormais, c'est juré, il ne traversera plus l'Atlantique qu'à bord d'un paquebot.

D'accord, mais quand? Apprenant ce nouvel incident, Bill Miller se met très en colère. Si cet artiste visiblement incontrôlable n'avait pas pris le risque de rentrer à Paris au lieu de venir passer le réveillon à New York, comme prévu, il n'en serait pas là. Puisque c'est comme ça, qu'il reste en France ! Bill Miller annule les dates prévues, et déchire le contrat. « Ne t'occupe de rien, va passer quelques jours à Juan-les-Pins, je vais lui parler quand il sera calmé ! », déclare Marie-Louise, chargée d'annoncer la nouvelle à son fils. Elle s'exprime sur un ton qui ne prête pas à la discussion. Elle se montre beaucoup plus diplomate dans les négociations qu'elle parvient à entamer, non sans mal, avec New York. « J'ai fini par arranger ses affaires avec Bill Miller, écrit-elle à Julot. Charles prendra le paquebot S.S. America le 7 mars 1947. En attendant, il part pour Megève où il va écrire de nouvelles chansons. Il a également prévu de faire une série d'émissions pour la radio et des disques chez Columbia.»

Elle estime avoir fait son devoir, même s'il lui en coûte. Car en effet, le calvaire va recommencer. Retour en arrière... Le 19 novembre 1945, quand elle apprend que le contrat avec l'Embassy est signé, elle réalise qu'elle ne va plus voir son fils pendant toute une année, voire plus. Ce jour-là, dans son appartement de Marseille où elle passe l'hiver, elle prend sa plume et vide son cœur : « À l'idée de ton départ, ma tête bourdonne. Je sais qu'il me fera mal au cœur, très mal, mais je sais qu'il est nécessaire à ta carrière.» Dans les jours qui suivent, elle prend la décision de s'installer à La Varenne, dès les premiers jours de 1946. « Je vais faire le chien de garde. Je m'installerai dans la niche et j'attendrai que tu reviennes », lui écrit-elle. Prête à mordre, mais elle ne le dit pas, elle explique dans un courrier à Julot Verbeeck qu'elle ne compte pas se substituer à ceux qui gèrent les contrats de Charles. « Je ne suis que sa fondée de pouvoir », précise-t-elle. Par amour et admiration pour son fils, elle devient ainsi une « femme à tout faire et à tout vérifier ». Elle répond aux demandes de cartes postales dédicacées adressées à son fils. Elle écrit régulièrement à Julot pour faire le point sur des affaires en cours avec la Belgique. Où en sont les ventes de *La bonne planète*, un roman de Charles paru en France avec une préface de Jean Cocteau, qu'un éditeur a décidé de publier à Bruxelles? Où en sont celles de l'édition spéciale du 78 tours, « Le petit oiseau », autorisé par Charles? « Je pense à ces deux pauvres types qui ont dépensé 40 000 francs sans être riches et j'aimerais tant qu'ils récupèrent un maximum », dit-elle à Julot. Un matin, elle lui parle de son fils aîné, Antoine. Son père voulait qu'il reprenne l'étude de notaire, mais cela n'a pas été possible, pour toutes sortes de raisons. Il a épousé une femme charmante, prénommée Léone. Il est de santé fragile, et coule des jours heureux dans une petite propriété, « Le Mas Sainte-Marie », aux

Granettes, un hameau proche d'Aix-en-Provence. Il fait un peu de peinture, cultive une vigne, mais il s'ennuie. Il a rédigé une série d'articles, et elle s'interroge : un éditeur ou un périodique wallon peut-il s'y intéresser? Julot demandant des compléments, Antoine lui répond immédiatement qu'il a, à sa disposition, cent pages dactylographiées sur des impressions philosophiques et poétiques autour du swing. L'influence de son frère est évidente. Ce qu'Antoine ignore, c'est que cette mère, qu'il appelle dans son courrier « Madame Caussat », lui a fait un sale coup. Sans lui en parler, elle a adressé à leur ami belge une autre missive confidentielle : une mise en garde de quelques lignes, arrivées à Bruxelles quelques jours seulement après la proposition du fils aîné : « Antoine a écrit un livre. Je vous prie de prendre bonne note de ceci : il est impossible de présenter ce livre au public sous la forme qu'Antoine lui donne. Il présente *Qu'est-ce que le swing?* comme étant l'opinion et l'expression des sentiments de Charles Trenet qu'il fait lui-même parler à la première personne. Or, si ce texte paraît ainsi, et je pense qu'il pourrait paraître, ce doit être sous une autre formule : c'est Antoine qui doit parler et dire "je" et non son frère. Lorsque vous aurez lu le manuscrit, vous me comprendrez. »

Pris entre deux feux, et ne voulant pas être à l'origine d'une querelle de famille, Julot choisit de botter en touche. Sans même avoir proposé l'idée à qui que ce soit, il adresse à Antoine une réponse très amicale précisant qu'à son grand regret, il n'a trouvé personne pour éditer ou publier ce manuscrit, qui ne manque pourtant pas de qualités. Il pense ainsi en avoir fini avec un rôle d'intermédiaire susceptible de lui rapporter beaucoup plus d'ennuis que d'argent. Le soulagement ne dure pas. Quelque temps plus tard, Marie-Louise lui écrit à nouveau. La tentative d'écriture d'Antoine, malheureusement avortée, lui a donné des idées. La voici démangée, à son tour, par le prurit de l'écriture, à en juger par sa proposition. « Est-ce qu'un journal belge ne serait pas intéressé par un reportage que j'écrirais sur les quatre mois de la tournée de Charles à New York, Hollywood et Montréal ? J'ai plusieurs photos inédites que vous pourriez donner avec le texte. Débattez les conditions. Sans être intéressée, je sais qu'il ne faut rien donner à un journal, ça gâche le métier. Naturellement, vous aurez votre pourcentage. Si vous pouviez mettre cela debout pour Noël ou le début de l'année, ce serait merveilleux. » Julot pressent immédiatement que cette offre n'a rien d'un cadeau. Il s'exécute néanmoins et adresse, quelques jours plus tard, dans un autre courrier, le montant proposé par un hebdomadaire visiblement séduit par l'idée : 2000 francs belges. Le chiffre est bien supérieur au montant des articles habituels commandés par ce journal. Le sujet est original, et un texte de la maman d'une telle star, c'est un scoop. Le règlement doit donc être en rapport.

La réponse de La Varenne est quasi immédiate : « Vous n'y pensez pas, mon cher Julot ! Cette somme est dérisoire. Ici, on paie plus cher le plus vulgaire entrefilet dans la rubrique des chiens écrasés. » Elle conclut en avouant qu'elle préférerait offrir l'article que de jouer les mendiantes, avant de se rétracter. « Laissons cela, voulez-vous, c'est un mauvais principe que d'écrire gratuitement pour la presse, car cela handicape les journalistes professionnels qui vivent, eux, de leurs articles. ». Se refuserait-elle à être méchante gratuitement ?

12.

L'argent, ça ne se dépense pas !

L'argent… Un problème de famille. Une légende court encore aujourd'hui sur la radinerie de Charles. Je peux assurer qu'il n'en était rien. Il était capable de faire très attention sur la monnaie des courses mais pouvait, sans problème, faire un gros chèque quand il invitait des amis à déjeuner. Comme Maurice Chevalier et quelques autres, il fait partie d'une génération qu'il faut qualifier « d'économe ». Les 78 tours ne rapportaient pas grand-chose, les vidéos, DVD et autres droits dérivés n'existaient pas et un artiste vivait essentiellement de ses prestations sur scène. Les producteurs de spectacle n'étant pas toujours d'une honnêteté scrupuleuse, il était de tradition de recevoir le montant du cachet avant de chanter ! Trenet n'a cessé d'appliquer ce principe, à sa façon. Jacques Lapelle, qui fut son secrétaire de 1945 à 1970, m'a raconté qu'avant le lever de rideau, Charles lui donnait pour mission de se rendre dans le bureau de l'organisateur, afin de recevoir la somme prévue au contrat. Quand il y avait deux parties, un premier règlement était versé tandis que le public s'installait, et le second pendant l'entracte. Portant à la main une petite valise en métal remplie d'espèces sonnantes et trébuchantes, ce si précieux collaborateur se glissait dans les coulisses, près des cintres, dès le début de la première chanson, le temps d'un signe d'acquiescement, confirmant à Trenet que tout était en règle. Un soir, souffrant d'un torticolis, il a le malheur de tourner la tête de droite à gauche, et réciproquement, à l'instant où Charles lui adresse le regard habituel. Dans la tête du poète, ce geste signifie que la somme n'a pas été acquittée. Il ne termine pas le couplet, sort du plateau, furibard. Il part en courant et en hurlant vers la sortie des artistes. Il a fallu le calmer et, surtout, expliquer cette fausse sortie au public. J'ignore comment cela s'est passé mais je fais confiance à l'imagination, au sens de l'humour et même à la mauvaise foi de Charles pour que cet incident se soit terminé par des applaudissements.

« L'argent... ça se gagne, mais ça ne se dépense pas. » À l'inverse de ce que certains pourraient imaginer, ce n'est pas Charles qui a dit cela, mais le père de Marie-Louise. « Il était opposé au principe du débours de la moindre somme », avoue sa fille, dans l'une de ses lettres à Julot. Elle s'est sans doute demandé si ce sens de l'économie n'était pas dans les gènes de la famille Caussat-Trenet. J'en veux pour preuve une lettre qu'à la fin de l'année 1945, elle adresse à son fils, alors en tournée. « Tu sais que je n'ai pas d'argent, et que j'attends depuis dix jours le second mandat de 5000 francs. Cela me tracasse de t'en parler. » Ne recevant pas de réponse en retour, elle insiste : « Je pense que tu as toujours beaucoup de frais prévus et imprévus et que tu n'as pas pu m'expédier cet argent plus tôt. » Le mandat finit par arriver avec une somme un peu plus importante que prévu. Maman adresse aussitôt à son fiston un message de gratitude. « J'ai compris que tu as préféré m'augmenter les mensualités que de m'envoyer une petite somme pour me vêtir. Je te remercie très tendrement, Petitou, et te prie de m'envoyer la deuxième partie jeudi comme tu me l'écris. »

Elle en profite pour remettre sur le tapis le sujet qui fâche depuis plus de dix ans. Au début des années 30, à son retour à Paris, elle avait annoncé à ses enfants son intention de vendre la maison de Narbonne. Dans l'une des premières chansons qu'il enregistre avec Johnny Hess, Charles fredonne des couplets qui débutent par « Maman, ne vends pas notre vieille maison » et se terminent par « Merci maman, d'avoir gardé la maison ». L'affaire semblait donc définitivement classée. Sauf qu'au lendemain de la guerre, Marie-Louise revient sur le sujet. Elle a une offre de 500 000 francs qui lui semble difficile de refuser. Avec cette somme, et un prêt bancaire complémentaire, elle pourra acheter un petit appartement à Paris, un studio, voire un pas de porte. Pour elle, rien que pour elle. Quelques meubles de famille disséminés dans la maison de La Varenne suffiront à occuper ce modeste espace. Elle assure avoir « le grand désir et la ferme intention de liquider aussi avantageusement que possible la situation », sans toutefois s'emballer. Elle est consciente qu'en cette fin d'année 1945, les finances de la France se trouvent à un tournant. Ce n'est pas à la veille d'une dévaluation certaine et nécessaire, que le général de Gaulle annonce avant le 31 décembre, qu'elle devrait prendre un tel risque, mais elle ne supporte plus Marseille. « La vie ici n'a aucun sens pour moi. Je ne connais personne et suis loin de toi, le plus souvent sans nouvelles, comme si j'étais au fond d'un puits. » Elle brûle donc du désir de revenir à Paris. « Ce que toi-même trouves normal », ajoute-t-elle. « J'aurai ainsi un gîte loin de ton port d'attache sans t'encombrer de ma personne. » Elle imagine cependant que son fils souhaite ne pas la savoir trop loin de chez lui. Elle pourrait alors, qui sait, acheter autre chose, comme par exemple la villa voisine, à La Varenne, dont il a envie depuis si longtemps pour agrandir sa propriété. Bien entendu, elle la mettrait au nom de ses deux garçons, afin d'éviter, le jour venu, les moindres droits de succession. Elle précise enfin qu'elle a tenté de trouver une autre solution. Elle a proposé à Antoine d'échanger son appartement de Marseille contre celui qu'il possède rue Violet, près de Montparnasse. « Cela me semblait faisable, puisqu'il vit, avec sa femme, dans la campagne d'Aix-en-Provence. Il aurait ainsi pu passer les quatre mois de mauvais temps sous le soleil du Vieux Port. Il ne veut pas, c'est son affaire ! » Elle espère que tous ces arguments porteront leurs fruits. Il n'en est rien ! Charles ne veut pas entendre parler de la vente de ce rez-de-chaussée et de ces deux étages, liés à tant de souvenirs. « Tu ne fais pas le même cas que moi de l'enfance », répond-il, assez sèchement. À quoi Marie-Louise réplique par une évocation de ses très jeunes années, dans le Narbonne de la fin du XIXe siècle. Elle les raconte en quelques petites lignes, dont son fils aurait pu faire de grandes chansons. Un document pour l'histoire qui mérite de figurer dans son intégralité.

« Tout comme toi, j'ai été petite. À cette époque-là, c'était mieux que lorsque tu es né. Tu as connu les magasins pleins de tonneaux, d'ouvriers bruyants, de fumées âcres, d'odeurs de grands pots de colle qui chauffaient, et dans lesquels, tu t'en souviens peut-être, tu as un jour trempé ton derrière. Moi, j'ai connu une autre atmosphère qui avait plus de charme. Le grand magasin était rempli de bois du Nord, de grandes poutres bien lourdes. Il y avait de grandes planches bien solides, bien équarrées, qui venaient d'Arkhangelsk. Elles étaient longues de cinq à six mètres, en file contre les murs. Ça sentait bon, c'était comme une forêt. Ces planches étaient appuyées aux murs, avec une légère inclinaison. Il y avait, entre le mur et elles, une sorte de petite ruelle mystérieuse où j'arrivais à me promener en oubliant ma peur des araignées et des souris. Je m'y cachais souvent au désespoir de mon grand-père, qui craignait toujours que je fasse dégringoler un stère de planches, ce qui aurait pu m'écraser. Mais je prenais des précautions, ce qu'il ignorait, car les enfants sont beaucoup plus malins que ne le pensent les grandes personnes. La maison n'était pas bruyante comme de ton temps, et dans la cour, à la place des barriques il y avait de hautes piles de tuteurs pour la vigne qui sentaient la résine à plein nez. Cela faisait des tas hauts comme la véranda. Je me souviens aussi de ces meubles qui semblaient si mystérieux à la petite fille que j'étais. La maison était jolie, astiquée, irréprochable. Tu l'as connue à l'époque de sa décadence par le fait de la mort de bonne-maman Caussat.»

Elle conclut en avouant qu'elle a la gorge serrée chaque fois qu'elle y retourne, pour s'occuper des problèmes de santé de la « tante Émilie », et régler les deux visites mensuelles du docteur. « Ces pièces sentent le négligé, c'est lamentable. J'ai le sentiment de revoir une personne qui m'est chère, en guenilles.» Comprenant qu'elle ne parviendra pas à obtenir satisfaction, elle décide de jouer la carte de la dernière chance : d'accord, je ne vends pas la maison, mais accepte de prendre en charge les travaux les plus urgents. « Le dôme de l'escalier a besoin d'un maçon, le plafond est une vieille carcasse décharnée. À la première grosse pluie, tout risque de descendre dans l'escalier.» Face à ce risque, elle a placé un arsenal de récipients, du bain de sièges aux boîtes de conserve. Enfin, le tuyau des toilettes du premier étage qui mène à la fosse est crevé. Il faut refaire la poterie. « Ça pue que c'est un vrai bonheur », conclut-elle en ajoutant son évaluation du coût. « Cela représente pour toi le prix d'une paire de chaussures.» Elle sous-estime le prix des travaux avant de prendre le poète par les sentiments : « J'aime que tu y tiennes pour les souvenirs d'enfance, alors fais quelque chose pour elle.»

Il peut le faire, et va faire le minimum pour sauver les meubles, ainsi que les murs. Après la mort de sa mère, il ne va s'y rendre que très rarement. En 1995, il décide de léguer la maison à la ville de Narbonne. En 2010, Jacques Bascou, le maire, très attaché à l'idée d'associer la cité à l'âme et au nom du poète, décide de la rénover et de la transformer en « Maison des Illustres ». Il me confie la mission de la « mettre en scène » avec l'aide de Marc Azéma, concepteur, réalisateur, très au fait des nouvelles technologies. Le cher Cabu, fan de toujours, offre des dessins qui vont illuminer l'escalier. Les premières rencontres avec les architectes vont démontrer qu'effectivement, il y a eu des travaux à une époque qu'ils ne parviennent pas à estimer. Désormais, grâce à ces lettres, je sais qu'ils remontent à près de six décennies. Les hommes de l'art, avec l'aide de la mairie, ont tout remis à neuf. Aujourd'hui, cette maison est devenue un lieu que l'on visite, en chantant et enchanté, comme Charles aurait pu le dire.

Retour à 1946, où Marie-Louise doit faire face à un autre problème dont elle ne veut pas parler à Charles, afin de ne pas gâcher le bonheur de son succès à New York. Dans une lettre envoyée à Bruxelles, elle explique que l'appartement de l'avenue Alphonse XIII à Paris, où elle a vécu dans les années 30, et qui est devenu le pied-à-terre familial, vient d'être réquisitionné. Après la fin de la guerre, cela semble incroyable, mais c'est vrai ! Marguerite, la femme de ménage, lui a téléphoné un matin pour la prévenir qu'une certaine mademoiselle Loudenot, munie d'un billet de réquisition, escortée par un commissaire de police et un huissier, a fait forcer les serrures et pris possession des lieux. La concierge a tenté de s'interposer, mais elle n'a rien pu faire. Se rendant aussitôt sur place avec le couple qui entretient la maison de La Varenne, Marie-Louise a fait rapatrier au bord de la Marne toute une série d'objets personnels. Dans cet inventaire à la Trenet figurent, entre autres, des tapis blancs, des couvertures de fourrure, des pardessus, du linge personnel et du linge de maison, des appareils électriques, une TSF, des 78 tours, ainsi que des papiers personnels et des manuscrits. Elle est parvenue, non sans mal, à reprendre la ligne téléphonique, et a fait inventorier par un huissier les tableaux et objets d'art, qu'elle s'est trouvée dans l'obligation de laisser sur place. « Un avocat a fait des démarches auprès du préfet de la Seine, ajoute-t-elle. Il espère réussir. Dans quelques semaines, nous devrions retrouver notre bien.» C'est sans doute ce qu'il s'est passé, dans le secret le plus absolu. Elle a alors donné aux témoins de cette étrange affaire une seule instruction : pour Charles, c'est silence radio...

En revanche, la TSF est très présente dans sa vie. Le soir, elle comble sa solitude en fumant quelques cigarettes et en écoutant des programmes de variétés que, fidèle à son caractère, elle ne manque pas de critiquer, à sa façon. « J'ai entendu l'autre soir Yves Montand, qui délaisse le style de jeune cow-boy pour des chansons réalistes. Il est en train de se transformer en une Édith Piaf mâle. C'est tout à fait son répertoire et son style. J'ai reconnu les mêmes inflexions de voix dans sa manière de chanter. L'amour sans doute qui transforme.» Sur ce dernier point, elle n'a peut-être pas tort. En 1944, juste après la libération de Paris, il a assuré sa première partie dans une série de concerts au Moulin-Rouge. Le coup de foudre ! Elle lui a tout appris, de la façon de s'habiller, de se déplacer, de jouer avec le public. L'élève a ainsi fini par rejoindre le maître, ou plus exactement son ex-maîtresse. Après deux années d'une passion intense, ils se sont quittés. « On ne peut pas conserver son soleil toute sa vie », a conclu Piaf, avec un sourire bien triste. Les journaux ont évoqué leur séparation, à commencer par *Samedi Soir*, un hebdomadaire fondé au lendemain de la guerre par Pierre Lazareff. L'information et les histoires personnelles des stars se mêlent dans ce qui deviendra *France Dimanche*, l'ancêtre des magazines people, qu'on appelle alors « la presse à sensation ». Marie-Louise ne le porte pas dans son cœur. « Ce journal est une poubelle. Les scandales sont toujours en première page, et quand on demande un rectificatif, ils le publient mais dans des caractères suffisamment petits pour que personne ne le remarque.» La raison de cette colère : un article qui évoque un différend financier particulièrement grave entre Charles et Raoul Breton, son éditeur. Un problème d'argent avec celui à qui il doit beaucoup, sinon tout...

13.

Raoul Breton, le second père de "la mer"

Samedi-Soir, ce « journal à chantage » comme l'appelle aussi Marie-Louise, l'a donc annoncé dans une « indiscrétion » publiée en septembre 1946 : à New York, Charles se serait fâché avec Raoul Breton, l'éditeur historique de ses chansons. Il semblerait même que les deux hommes ne s'adressent plus la parole. Dans le « droit de réponse » adressé à la direction de l'hebdomadaire, la mère de Charles apporte un démenti formel, alors qu'elle sait parfaitement que l'information n'est pas tout à fait inexacte.

Que s'est-il réellement passé ? En août 1945, soit neuf mois avant le début de l'aventure américaine, Raoul Breton signe un contrat garantissant à Charles une somme de 50 000 dollars, couvrant ses dix premières semaines de travail aux États-Unis. Or, le moment venu, il n'en verse que 33 000. Charles n'apprécie pas, et réclame son dû. Son interlocuteur lui demande simplement de patienter et justifie ce retard par des rentrées d'argent tardives après des investissements plus importants que prévu. Charles pique alors l'une de ces colères dont il a le secret, et part en claquant la porte. Dès son retour à l'hôtel, il écrit à sa mère pour lui raconter l'incident. Après réception de son courrier, elle remet immédiatement un peu d'huile sur le feu. Il faut savoir qu'elle n'a guère d'atomes crochus avec Raoul Breton. Elle l'appelle « Le Marquis », depuis qu'en 1938, Rachel Breton, sa femme, a été surnommée « La Marquise » par Jean Cocteau. Marie-Louise évoque ses rapports particulièrement difficiles avec le couple, dans l'une de ses nombreuses lettres à l'ami belge. « Ce n'est pas la sympathie qui m'étouffe pour Marquis et Marquise. Mes sentiments n'ont jamais changé à leur égard, et ils n'ont jamais rien fait pour qu'ils changent. Or si, ces derniers temps, nos rapports extérieurs semblaient améliorés, je crains fort qu'intérieurement, Breton ne puisse toujours me sentir. Pourquoi ? Pour des tas de raisons sans doute psychiques qu'il ne s'explique pas lui-même. Il sent confusément que je ne suis pas de son bord. » Dès qu'elle peut envoyer une pique à son épouse, elle ne s'en prive pas. Elle conclut ainsi son courrier : « Quelle blessure d'amour-propre, et d'amour tout court, Charles inflige à la marquise ! Autrefois, elle était photographiée aussi souvent que lui, toujours à l'honneur. Maintenant, cette abstention totale doit lui être très dure à digérer. »

Quand il évoque cette brouille devant ses collaborateurs et des amis intimes, Raoul Breton est formel : « Dois-je vous préciser que c'est moi qui ai rompu avec Charles ? Je l'ai croisé à la veille de la nouvelle année. J'étais en compagnie de ma femme. Il ne m'a même pas salué. Il suffirait que je lève le petit doigt pour tout arranger, mais je ne le lèverai pas. » Tenue au courant de cette déclaration, Marie-Louise décide de s'activer. Passée maître dans l'art de manier l'eau et le feu, elle est consciente que l'avenir de la carrière de son fils passe par une réconciliation entre les deux hommes, dans les plus brefs délais. Une fois encore, elle se confie à Julot Verbeeck. « Charles ne voit plus les Breton à New York, même à l'Embassy. Je trouve qu'il n'a pas absolument raison et manque un peu d'objectivité. Étant donné qu'il a un contrat pour trois ans et demi encore, il me semble qu'il vaudrait mieux travailler en harmonie qu'en désaccord. C'est ce que je ne cesse de lui répéter dans mes courriers. M'entend-il ? Je le voudrais, comme je veux toujours ce qu'il y a de meilleur pour lui. »

Ce n'est pas sans raisons, ni réflexions, qu'elle a choisi d'oublier sa rancœur pour adopter une attitude résolument positive. Elle est parfaitement consciente de ce que Charles doit à son éditeur. Elle le confirme en quelques lignes, en forme de conseil, qu'elle adresse à son fils. « Je pense que tu lui es redevable. J'ai toujours reconnu ce qu'il a fait pour toi au début de ta carrière. » Elle a parfaitement raison. Sans cet éditeur de génie, le destin du « Fou chantant » en aurait peut-être été changé.

Les liens entre Raoul Breton et le monde de la chanson commencent à se nouer à partir de 1927. À 31 ans, ce natif de Vierzon devenu, à Paris, danseur mondain, décide d'ouvrir une petite maison d'édition, passage de l'Industrie. Un soir, dans un music-hall, le Concert Mayol, il fait la connaissance de Marie-Louise Damien, une chanteuse réaliste déjà célèbre, qui se produit sous le pseudonyme de Damia. Sur le conseil de Sacha Guitry, elle porte, sur scène, une petite robe noire. Elle crée ainsi un style dont vont s'inspirer bon nombre de ses consœurs, à commencer par Édith Piaf. Entre Damia et Raoul Breton, le courant passe immédiatement. Il aime la chanson, et il dispose d'un atout essentiel pour la défendre : il lui suffit d'entendre une seule fois un couplet ou une mélodie pour parier qu'ils toucheront le cœur du public. Il parle de cet univers avec une telle assurance, une telle passion, que Damia demande à ses auteurs de lui confier l'édition de quelques-unes de ses chansons. Et ça marche ! Il les défend comme personne, et lui en propose d'autres, qui deviennent aussitôt des succès.

La notoriété professionnelle de Raoul Breton grandit rapidement. Résolument en quête de nouveaux talents susceptibles d'enrichir son catalogue, il prend l'habitude d'assister, le plus souvent possible, à des auditions. Un après-midi de 1932, il se rend au Palace, un grand music-hall de la rue du Faubourg-Montmartre dirigé par Henri Varna, également à la tête du Casino de Paris. Ce dernier reçoit, ce jour-là, de jeunes artistes susceptibles de figurer parmi les attractions de *Paris Madrid*, la nouvelle revue qu'il se prépare à mettre à l'affiche dans cette salle. Parmi tous les postulants, un duo retient particulièrement son attention. Le pianiste et le chanteur ont visiblement le sens du swing. Le mélange de leurs voix dans « Quand les beaux jours seront là », dont ils sont les auteurs et compositeurs, passe très bien. Leur talent est prometteur et, incontestablement, parmi tous ceux qu'il a entendus, ils sortent du lot. Varna semble pourtant hésiter. Il jette un regard à Joséphine Baker, tête d'affiche du Casino de Paris, qui l'a accompagné cet après-midi-là. « Engage-les ! Ils sont si mignons ! » s'exclame-t-elle en souriant. C'est ainsi que Charles et Johnny signent un contrat d'un mois pour interpréter trois chansons en ouverture de la revue *Paris Madrid*. Leurs débuts sur scène.

Raoul Breton a assisté à leur prestation. À la sortie, il s'approche de Charles. « C'est pas mal ce que vous faites, les garçons. Passez me voir un de ces jours à mon bureau. » Il leur donne sa carte : Raoul Breton. Charles a le souffle coupé. Raoul Breton, l'éditeur des chansons de Mireille ! Il admire tellement les mélodies joyeuses et rythmées qu'elle compose. Il la considère comme la mère, ou plutôt la sœur, de la jeune chanson française. S'il a décidé, un an auparavant, de monter un duo avec Johnny Hess, c'est parce qu'un soir à Bobino, il a entendu Pills et Tabet interpréter « Couchés dans le foin » et « Ce petit chemin », les premiers succès de Mireille et Jean Nohain. Un coup de foudre, une source d'inspiration immédiate pour Charles qui convainc

Johnny, sur le trottoir de la rue de la Gaité, à la sortie d'une représentation, d'adopter ce style. Ils vont ainsi travailler pendant un an pour imaginer et mettre au point les premiers couplets de leur répertoire. Tout au long de sa carrière, Charles demeurera un inconditionnel des mélodies de Mireille. Il m'a un jour avoué qu'il affectionnait par-dessus tout « Le jardinier qui boite ». Dans les années 50 et 60, il va le démontrer en interprétant cette chanson à plusieurs reprises, en duo avec sa créatrice, dans de prestigieuses émissions d'une télévision encore en noir et blanc. Les archives de ces images montrent la complicité artistique et affectueuse entre deux artistes de taille, même si ce géant blond mesure 1,86 mètre et la créatrice du Petit Conservatoire moins d'1,60 mètre.

Quelques jours plus tard, Charles et Johnny donnent leur accord pour que leurs premières chansons, ainsi que les suivantes, soient défendues par les éditions Raoul Breton. En 1936, soit quatre ans plus tard, les obligations militaires du duo mettent un terme à cette collaboration pleine de promesses. Convaincu que Charles a un grand avenir devant lui, Raoul Breton lui fait une proposition : qu'il lui envoie toute nouvelle création lui venant à l'esprit pendant les mois qu'il va vivre sous les drapeaux.

Maniant plus souvent le balai que le fusil, le deuxième classe Trenet survit à cette routine en imaginant des paroles et musiques. Profitant d'une permission à Paris, il se rend aux éditions pour présenter quelques-unes d'entre elles. Des couplets retiennent immédiatement l'attention de l'éditeur. Ils s'intitulent « Y'a d'la Joie ! ». « Ça, c'est pour Maurice Chevalier, s'exclame-t-il. C'est l'idéal pour moderniser son répertoire. Et il en a bien besoin ! » Un rendez-vous est pris, en l'absence de Charles, retourné à ses obligations militaires. Un pianiste accompagne Maurice qui, après avoir déchiffré et interprété l'ensemble plusieurs fois de suite, ne semble guère convaincu. Cela ne correspond pas à ce qu'il fait habituellement, c'est même un peu trop « fou fou » à son goût. « Justement », insiste Raoul Breton, qui sort alors son arme secrète. Il va bientôt épouser Rachel et Maurice lui ferait le plus beau des cadeaux en enregistrant « Y'a d'la Joie ! ». Chevalier demande quelques jours de réflexion. Le marché est finalement conclu. À une condition : que l'auteur change un premier couplet qui, à coup sûr, ferait scandale si Maurice se hasardait à l'interpréter. Charles accepte, et fait disparaître les quatre vers suivants : « Le garçon boucher qui va sur ses 15 ans / Est fou d'amour fou pour une femme agent / Et la femme agent qui va sur ses 100 ans / Est folle de bonheur pour cet amour d'enfant. » Interprétée en 1937 au Casino de Paris par Maurice Chevalier, « Y'a d'la Joie ! » est un tel triomphe que Charles l'inscrit à son répertoire. Il crée l'événement en l'interprétant un soir au premier étage de la tour Eiffel, en direct sur les ondes nationales, pendant l'Exposition universelle du Champ de Mars.

De retour à la vie civile, Charles s'interroge. Johnny a mis un terme à leur duo. Sous quel nom doit-il désormais se produire ? Il ne croit pas le public capable de retenir le sien. Parce que ses textes fleurent bon la nature, il pense à Charles Torrent ou Charles Rivière. Il interroge Raoul Breton qui le rassure aussitôt. Qu'il conserve son vrai nom. Il sonne bien et deviendra vite très célèbre, il en prend le pari. Le 25 mars 1938, juste après ses débuts à l'ABC, Trenet le remerciera en reconnaissant qu'il avait raison.

Quatre ans plus tard, en juillet 1942, dans un train entre Sète et Montpellier... En passant devant l'étang de Thau, Charles commence à improviser les paroles et la mélodie que le paysage lui inspire. Quatre minutes plus tard, il demande à Léo Chauliac, le pianiste qui l'accompagne, de noter la ligne mélodique, et le titre résumant son propos : « La mer ». Profitant d'une tournée en zone libre, il inscrit cette nouveauté à son répertoire. L'accueil mitigé du public l'incite à la retirer très vite de son programme, et à l'oublier. Définitivement, semble-t-il.

Quatre autres années se passent. Nous sommes maintenant en 1946. Raoul Breton rentre des États-Unis, où il s'est réfugié en 1940, juste avant le début de l'Occupation, par crainte de voir Rachel, qui est d'origine juive, arrêtée par les nazis. Peu après son retour à Paris, il demande à Charles de passer dans ses bureaux de la rue Rossini. Il a hâte d'écouter ses nouvelles chansons. Trenet arrive, tout joyeux, se met au piano, et fredonne une douzaine d'inédits. À la fin de cette première audition, il se tourne vers son éditeur et lit immédiatement une immense déception dans ses yeux. Elle est confirmée lorsque Raoul Breton lui lance d'un ton particulièrement sec : « C'est tout ce que tu as ? » Surpris d'une réponse à laquelle il ne s'attendait guère, retenant une grosse colère qui est en train de monter, Charles ne dit pas un mot. Il se lève, se dirige vers la porte, pose la main sur la poignée pour rentrer chez lui. Il s'arrête soudain, fait demi-tour, et revient au piano. « J'ai bien quelque chose, dit-il. Mais c'est une ballade, ça ne te plaira pas. » Il commence doucement : « La mer qu'on voit danser, le long des golfes clairs... » Dès qu'il a terminé, il constate que Raoul Breton a retrouvé le sourire : « Celle-là, elle me plaît. Elle pourrait très bien marcher ! » Étonné par une réaction qu'il n'attendait pas, Charles s'entend répondre : « Ah bon ! Tu crois ? » Raoul Breton en est tellement convaincu qu'il décide, avec l'accord de Charles, de choisir l'arrangeur capable d'ajouter la touche finale à la mélodie. Après une quinzaine d'essais, jugés peu convaincants, l'idée lui vient d'ajouter un chœur.

On connaît la suite : plus de 4000 versions dans le monde, et des kilos de partitions vendues chaque semaine, en France, aux États-Unis, en Angleterre, en Allemagne, en Italie, au Japon et dans beaucoup d'autres pays. À l'inverse de ce qu'assure la légende, le succès n'a toutefois pas été immédiat. J'en ai trouvé la preuve dans les archives, ô combien précieuses, de l'ami belge. Le 78 tours, qui sort à la fin de 1946, n'est pas facile à trouver dans le commerce. Ne parvenant pas à l'acheter à Aix-en-Provence,

Antoine Trenet demande à Julot Verbeeck de lui adresser quelques exemplaires du disque plus largement diffusé, semble-t-il, en Belgique. De son côté, Marie-Louise raconte avoir entendu la chanson à la radio, certes, mais par Renée Lebas, une vedette alors populaire. Elle l'a enregistrée en 1945, à la demande de Charles, pour lui faire plaisir, sans croire un seul instant qu'elle pourrait toucher le cœur d'un large public. Trenet, qui l'avait d'abord surnommée « la chanteuse irréaliste », l'a rebaptisée ensuite « la mère de la mer ». Au début de l'année 1947, « La mer » semble destinée à sombrer dans les flots de l'indifférence. C'est sans compter sur la pugnacité de Raoul Breton. À l'automne 1946, il a écrit à Julot Verbeeck pour lui demander de faire pression chez Columbia Belgique afin que le disque sorte. « Si vous insistez, ça va aller vite, assure-t-il. Ils ont peur que Charles enregistre pour Decca. » Et ça a marché. Dans son esprit, ce n'est qu'une toute première petite étape. Il est tellement convaincu du succès de cette mélodie qu'il se lance dans une aventure qui, pour certains, relève de la folie : si la France n'adhère pas assez vite à cette mélodie, le succès de « La mer » partira... de l'autre côté de l'océan.

C'est ainsi qu'il fait traduire les paroles par Jack Lawrence. Il n'a pas choisi cet auteur par hasard. Il est à la mode pour avoir signé « Yes, My Darling Daughter », créée par Dinah Shore, alors sur toutes les lèvres. Prenant des libertés avec le texte original, l'adaptateur propose que « La mer », devenue « Beyond the Sea », évoque désormais la nostalgie d'un amour lointain, disparu « par-delà les mers ». Feu vert de l'éditeur, mais aussi de l'auteur-compositeur principal. Car si Albert Lasry cosigne la mélodie, c'est parce qu'il en a réalisé les arrangements, ce dont Charles est absolument incapable.

Une première version, interprétée par Macklin Marrow, le chanteur du grand orchestre de la MGM, connaît un succès d'estime. Quelques mois plus tard, le clarinettiste Benny

Goodman s'en empare, dans une version instrumentale jazzy. Dans la très longue liste des interprètes prestigieux, figurent ensuite Bing Crosby, Frank Sinatra, Cliff Richard, Barbra Streisand, Django Reinhardt, Ray Conniff, Jorge Ben, George Benson et Jerry Mengo. Au début des annés 60, Bobby Darin l'enregistrera à son tour et en fera un immense succès. Comme Raoul Breton l'avait prévu, la France suit. À la fin de 1947, « La mer » est diffusée plusieurs fois par jour à la radio, par Charles Trenet, mais aussi par beaucoup d'autres. Dans les années 50/60, il n'y a pas la moindre exclusivité sur un titre, bien au contraire. Chacun a le droit d'inscrire à son répertoire ce qu'on appelle des « standards ». Parmi celles et ceux qui l'ont ainsi enregistrée, figurent Jacqueline François, récompensée par un Grand Prix du Disque, Jean Sablon, Yvette Giraud, André Dassary, « Le chanteur sans nom », et, plus tard, les Compagnons de la Chanson, Mireille Mathieu, Françoise Hardy, Dalida, Eddy Mitchell, les Djinns et les Petits Chanteurs à la Croix de Bois.

Au cours de l'un de nos nombreux déjeuners, Charles m'a raconté qu'une nuit, dans un bar de New York, il entend le pianiste jouer sa mélodie. Il s'approche et lui demande s'il connaît le nom du compositeur. « Oui, c'est Irving Berlin ! » Trenet n'a pas rectifié. Ce n'est pas tous les jours que l'on est confondu avec l'un des plus grands compositeurs américains du XXe siècle. Un autre jour, entre le cognac et le cigare, il me rapporte, en riant, une autre anecdote. Un soir, aux Concerts Colonne, le chef d'orchestre annonce qu'il va diriger « La mer ». « Ah ! » s'exclame alors le public. « De Debussy », précise le maestro, qui, en réponse, entend un « oh ! » de dépit. Est-ce authentique, ou pure invention ? Peu importe, l'histoire est si belle...

Beaucoup se sont longtemps interrogés sur l'origine de ce succès planétaire. Relève-t-il du hasard, du miracle ? Pas du tout, à en croire les musicologues. Pour eux, il est essentiellement dû à la construction de la ligne mélodique, qui ne cesse de prendre de l'ampleur, de la première à la dernière note. À les entendre, « La mer » représente ainsi la première chanson cantique de l'histoire moderne. Charles, quant à lui, considère cette chanson comme un « certificat de poète de la chanson française ». Et que pense Marie-Louise de ce succès phénoménal ? Une fois encore, elle en fait la confidence à Julot, dans une lettre rédigée le 16 janvier 1949. « Cela reste un honneur que de recevoir de telles marques de sympathie de nos amis américains, grâce au premier troubadour de France qui a battu en 1948 le record de ventes de disques chez Columbia, et établi un mouvement commercial très conséquent. » Elle ajoute un détail essentiel, que Trenet n'a jamais évoqué devant qui que ce soit : « Si je n'avais pas ressorti le manuscrit lors d'un grand nettoyage en 1945, cette chanson serait restée dans le tiroir aux oublis. » Rien que pour cela, nous devons lui dire un immense merci.

14.

L'ambassadeur de la joie

« L'admirable promotion de la France dans le monde entier » : c'est ainsi que Marie-Louise parle de son fils quand elle évoque la période 1947-1951 durant laquelle Charles est, incontestablement, au sommet de son art et de sa notoriété. Je devine une certaine fierté dans sa plume lorsqu'elle raconte à Julot Verbeeck, et à ses amies, comment Charles a conquis les deux Amériques, et une grande partie de l'Europe.

Pendant ces quatre années, la route a été longue, mais particulièrement enchantée. L'aventure débute le 6 mars 1947, à la gare Saint-Lazare, où il pose, tout sourire, devant les photographes, avant de monter dans le train qui va le conduire au Havre. Au port, il rejoint le S.S. America, le paquebot à bord duquel il doit se rendre à sa première destination, New York. La traversée durant huit jours, il occupe son temps en écrivant de nouvelles chansons. C'est ainsi que naissent « Mon vieil Atlantique » et « Grand-maman c'est New York ». Convaincu de son impact sur le public américain, il décide de faire traduire cette dernière le plus vite possible, afin de l'inscrire ensuite au programme de récitals qui affichent toujours complet. Il retrouve d'abord l'Embassy où l'accueil chaleureux de Bill Miller le rassure : ce dernier a mis les lapins du début de l'année sur le compte des pertes et profits. Charles se produit ensuite à L'Ange Bleu, un cabaret dont le nom est un hommage à Marlene Dietrich, puis, en mai, pendant quatre semaines, au Capitol Theater, une salle de 1800 places, au cœur du quartier de Port Chester dans l'État de New York. Ouvert en 1926, il propose des concerts classiques, des opéras et des récitals de stars principalement américaines. Charles devient l'exception qui ne confirme pas la règle. Ses débuts sur cette scène historique sont précédés de l'avant-première de *The Hucksters,* en français *Le marchand d'illusions,* avec Clark Gable et Ava Gardner, un film produit par la MGM, propriétaire du lieu. Après l'entracte, le *French Singer* fait un triomphe. La *standing ovation* est menée par les spectateurs du premier rang, Duke Ellington, Frank Sinatra, Mary Pickford et Charlie Chaplin, avec qui Charles va créer des liens d'amitié.

Pendant ce temps, à La Varenne, Marie-Louise s'ennuie. Elle reçoit quelques amies de temps à autre, mais l'absence de son fils lui pèse. De passage à Paris, Julot et Madeleine, sa femme, font un détour par les bords de la Marne. Ils n'arrivent pas les mains vides. Ils offrent à la mère de Charles ce qu'elle leur a demandé quelques jours plus tôt : du beurre, du café et un kilo de sucre, en provenance directe de Bruxelles. « Merci, mes amis, s'exclame Marie-Louise, le sourire aux lèvres. Si vous saviez combien le ravitaillement est devenu impossible ! On ne trouve pas de beurre ni de saindoux et, au marché, on ne peut avoir qu'un quart de litre d'huile. Le café coûte 1000 francs le kilo. C'est lamentable. J'avais demandé à Charles de m'envoyer un colis. Il n'en a pas le temps. Une cousine est venue ici pendant trois semaines, et mes réserves y sont passées. »

On parle ensuite chanson. Julot évoque le prochain passage du « Fou chantant » à Bruxelles, au théâtre des Galeries Saint-Hubert, du 18 au 27 octobre. Il est très attendu ! C'est déjà complet. Julot a rédigé un texte pour annoncer l'événement et le soumet à la «fondée de pouvoir». «Charles Trenet, l'unique ambassadeur de la joie française de par le monde, qui vient de conquérir les deux Amériques, revient à Bruxelles après deux ans d'absence. Le « Fou chantant », loin d'avoir subi l'influence américaine, a lui-même influencé les Yankees.» Marie-Louise donne son feu vert, avant de confirmer que son fils rentre en France vers la mi-juin. «On a bien besoin de son retour. Il a des disques à enregistrer.» Et ensuite?, demande Julot. «J'aimerais bien qu'il se repose, répond-elle, en soupirant. Je redoute la fatigue en plein été. Il serait sage qu'il ne fasse rien au mois d'août avant d'entreprendre sa tournée en Europe. Il est impossible de le faire entendre à sa tête dure. Il ne fait que ce qu'il veut. Après tout, il doit bien connaître la limite de ses forces.»

Bien avant Henri Salvador, Trenet aurait effectivement pu chanter «Le travail, c'est la santé». Après avoir posé sa valise pendant quelques jours dans sa propriété de Juan-les-Pins, il entame, le 12 septembre 1947, une nouvelle tournée-marathon : Stockholm, Amsterdam, Copenhague, Oslo, Göteborg... « La Scandinavie m'emmerde au plus haut point. J'y ai un très gros succès, mais c'est tout», écrit-il à Julot. Il précise qu'une «affaire» ayant été reportée, il va profiter de son passage à Bruxelles pour s'offrir trois jours de pause. «Je vais combler, je suis comblé!» Ensuite, ce seront les retrouvailles avec le public de Paris, au Théâtre de l'Étoile, du 28 novembre au 28 décembre 1947. «Je me réjouis à la pensée de le voir enfin un mois stable à Paris», confie Marie-Louise.

Dans le programme vendu à l'entrée, Maurice Roget, son imprésario jusqu'au milieu des années 50, également pianiste, dresse un résumé des 24 mois qui viennent de s'écouler. Le constat est en effet particulièrement impressionnant! « Avec son charme spécifiquement français, il a conquis le public d'outre-Atlantique. On l'a surnommé le vrai visage de la chanson française. Tour à tour joyeux, émouvants, rythmiques ou mélodiques, ses refrains apportent aux nouveaux comme aux anciens continents le parfum de la France éternelle. Ils font de lui l'ambassadeur de la joie et l'enfant chéri du monde. Poésie de la jeunesse, jeunesse de la poésie, vous allez entendre Charles Trenet. »

Dans les autres pages, 39 titres sont annoncés : des succès mais aussi 15 chansons nouvelles. Il les connaît toutes par cœur mais, faute de temps, il ne pourra en interpréter qu'une vingtaine. En revanche, il se propose de créer l'événement en ajoutant au final trois ou quatre refrains que les spectateurs lui réclameront en direct, depuis leur fauteuil. Il faudra réagir vite et fort pour avoir une chance d'être entendus ! Ce nouveau spectacle s'intitulant *Chansons et confidences*, Charles profite des circonstances pour en faire quelques-unes, sous la forme d'un billet intitulé *Confidentiel*, publié au centre du programme. « Mes chers amis, la plus grave erreur que puisse commettre un artiste, est de croire que, parce que la bonne vieille oreille du public lui a confié une certaine notoriété, il est définitivement "arrivé". Erreur... Faiblesse. On n'est jamais arrivé. Et c'est bien ce qui fait le charme de la vie. Chaque minute qui s'envole, chaque minute qui vient, nous maintiennent dans une lutte perpétuelle, nous donnent conscience de nos devoirs. Le mien est, je crois, de traduire en chansonnettes les émotions que je ressens, à mesure que j'existe [...] Je vous invite à chanter avec moi. Je vous invite à vous souvenir que nous sommes le peuple le plus spirituel de la terre, que tout le prouve dans notre histoire, par les génies qui ont fleuri sur notre sol, par le contrôle de nos actions passées [...] Je voudrais que mes chansonnettes vous apportassent, avec l'oubli passager des problèmes actuels, la facilité d'aborder, d'accueillir ces problèmes. »

Ceux de 1947 ? Quels sont-ils ? Marie-Louise les a évoqués, sous la forme d'une analyse socio-politique personnelle de la

France de 1948. J'en ai trouvé la trace, une fois de plus, dans une lettre adressée à Julot Verbeeck. « Je ne sais pas comment cela se passe à Bruxelles, mais ici les choses renchérissent encore et les prix font peur. Où allons-nous, mon Dieu, avec nos billets de banque ? La France est une pétaudière, chacun rouspète et s'insurge. Les syndicats ordonnent des grèves. Le gouvernement a une rude tâche, et je le crois autant à plaindre qu'à blâmer. Où est la bonne voie, le remède ? Personnellement, je pense que le remède serait dans la conduite meilleure de chaque individu. Si chacun était consciencieux, et si chacun faisait le maximum d'efforts, si chacun était juste et charitable, actif et respectueux des devoirs civiques, tout irait beaucoup mieux. Mais peut-on demander à une collectivité d'être uniquement composée de saints ? Alors, c'est la grosse pagaille où l'on joue des coudes, où l'on cherche à arriver le premier. Ceci n'est pas nouveau. C'est aussi ce qu'écrit Charles dans « Au clair de la lune » : « Ainsi va le monde depuis bien longtemps. »

Celui d'aujourd'hui nous le démontre. Ainsi va le monde encore et toujours. Et sans doute pour bien longtemps...

15.

Quand Charles est au violon

« Quand Jules est au violon ». Une chanson de Gilbert Bécaud, surnommé, dans les années 50, « le nouveau Trenet ». Savez-vous que l'expression « finir au violon » date du règne de Louis XI ? Le sens de cette formule n'avait alors rien à voir avec la musique. Le mot désignait une prison dont la grille ressemblait aux cordes de cet instrument.

« Mon père joue du violon », chante Trenet dans « La famille musicienne », une chanson enregistrée en 1963. Le poète, qui ne pratique pas cet instrument, a connu le violon 15 ans auparavant, englué dans une affaire que les Français découvrent le 21 mai 1948, à la lecture d'un article de Georges-Henri Martin, le correspondant de *France-Soir* à Washington. « Charles Trenet est détenu à Ellis Island sur une dénonciation venue de Paris. » Situé dans la baie de New York, ce « centre d'examen » est en réalité une prison où l'on enferme ceux qui ne répondent pas aux critères d'admission immédiate sur le territoire américain.

L'affaire débute le 14 mai 1948, à l'aéroport de La Guardia. À la sortie de l'avion, Charles est interpellé par deux inspecteurs qui lui demandent de le suivre pour un contrôle de routine. Il répond qu'il doit se rendre à son hôtel où l'attend un rendez-vous professionnel. Cela ne lui prendra pas plus d'une heure, c'est promis. Un peu surpris, il leur emboîte le pas et se retrouve quelques instants plus tard dans un bureau où un employé du service d'immigration lui explique être en possession d'un mandat d'arrêt sur lequel il est écrit « voyage suspect ». Trenet ne dissimule pas sa surprise. C'est son troisième séjour aux États-Unis et il dispose d'un visa d'immigration et d'une « permission de revenir » qui lui a été remise à la fin de son voyage précédent. De plus, il est en transit, puisqu'il part le lendemain matin pour Montréal, où il chante dimanche après-midi. Son interlocuteur n'en a cure. Il a ce document en main, et c'est à l'administration de vérifier la réalité de ses dires. Or, nous sommes vendredi soir, et les bureaux sont fermés jusqu'à lundi matin. La loi est claire : il est administrativement considéré comme un « migrant clandestin », et seuls ses supérieurs hiérarchiques sont en mesure de statuer sur son sort. Et pas avant lundi.

Face à une administration à mi-chemin entre Ubu et Kafka, Charles et son agent, qu'il a immédiatement contacté, ne peuvent rien faire. Il doit donc passer le week-end à Ellis Island, que la justice a pompeusement baptisé le « Palais du gouvernement », alors qu'il y a des barreaux à toutes les fenêtres. Comme dans une prison. C'est ainsi que, peu après 19 heures, le « Fou chantant » se retrouve dans une grande pièce où se côtoient des marins qui ont manqué leur bateau, des passagers clandestins en instance d'être renvoyés chez eux et des criminels que l'on s'apprête à mettre en prison. Pour s'occuper, ils jouent aux cartes ou au ping-pong, fument et boivent du coca-cola.

À la veille de ses 35 printemps, le 18 mai, Charles n'est pas à la fête. Il se retrouve dans une chambrée avec Ala Louf, un Espagnol qui attend son visa pour La Havane, des matelots polonais et grecs, ainsi que trois rabbins tchécoslovaques. Après une nuit où il a été réveillé à plusieurs reprises par un gardien chargé de vérifier qu'il était toujours vivant, il se fait éjecter du lit à six heures, direction le réfectoire. Placés en file indienne, ceux que l'on n'ose pas appeler des détenus reçoivent un bol d'avoine, un peu de confiture d'orange, un morceau de pain et un bol de café. « Même à l'armée, c'était meilleur », se dit-il à l'aube de deux journées interminables qu'il passe à rêvasser en découvrant, depuis une fenêtre, une vue imprenable sur la vallée de l'Hudson et la statue de la Liberté. « C'est un endroit parfait pour la voir de dos », déclarera-t-il plus tard.

Il est alors convaincu que le cauchemar va se terminer dès l'ouverture des bureaux, le 17, et que le lendemain, il fêtera son anniversaire comme il se doit. Il n'en est rien. Le lundi matin, il subit un nouvel interrogatoire auquel il répond, calmement, point par point, dans le peu d'anglais que ses voyages lui ont permis d'acquérir. En revanche, en dépit de ses questions, ses interlocuteurs demeurent muets sur un point. Que lui reproche-t-on exactement ? Maître Greenberg, l'avocat qui lui a été commis d'office, ne comprend rien non plus à cette affaire. Par déduction, Charles finit par supposer que tout cela est lié à un article de journal, remontant à une vingtaine d'années, faisant état d'une condamnation mineure que lui a infligée la justice française. Il semble avoir été adressé aux services de l'immigration par ce qu'il faut bien appeler un « dénonciateur anonyme ». Le dossier n'est pas plus clair pour l'inspecteur qui l'interroge. Celui-ci a demandé des pièces complémentaires à Paris. Tant qu'il ne les aura pas obtenues et vérifiées, toute demande de libération, même conditionnelle, sera refusée.

C'est ainsi que débute un cauchemar qui va se poursuivre pendant 26 jours et 26 nuits. Les interventions de l'ambassadeur de France auprès des autorités américaines et du consulat ne donnent rien. Après avoir vérifié que l'affaire ne se trouve pas liée à un dossier politique, le Département d'État, consulté à son tour, répond que ce dossier n'est pas de son ressort. De son côté,

Trenet tente d'adresser un télégramme à Walter Winchell, un journaliste très influent dans le monde du théâtre, à Broadway. Il est intercepté par le responsable de la censure, qui consulte immédiatement ses supérieurs. C'est ainsi qu'il explique à Charles que, légalement, il ne peut pas l'empêcher d'envoyer ce message, mais que s'il persiste dans son intention, il aura tout lieu de le regretter. Ne voulant pas prendre le risque d'ajouter un problème supplémentaire à ceux qui lui sont tombés sur le dos, il renonce à cette intervention.

Son surnom de « Fou chantant » lui vaut également d'être convoqué à plusieurs reprises par des psychiatres. On lui demande s'il aime se promener nu, ce qu'il a fait pendant la guerre, et même s'il a souffert de crises de nerfs pendant les bombardements. À chaque fois, il répond, mi-furieux, mi-consterné. Enfin, un après-midi, il est reçu par le docteur Reagan qui le complimente. Il possède un disque où est gravée l'une de ses chansons, « Formidable ». Il le pose sur le phono et demande à son patient s'il peut chanter sur le 78 tours. Charles s'exécute et reçoit des applaudissements, ainsi qu'une invitation à dîner. C'est ainsi que, régulièrement, ce médecin pas comme les autres va le « convoquer » vers 19 heures et le convier à sa table dans ses appartements privés, en compagnie de sa femme et sa fille. Charles va l'en remercier, en s'installant au piano, le temps d'un mini-récital, avant de regagner sa cellule.

En France, la presse s'empare d'une affaire qui tourne au feuilleton tragi-comique. Chaque jour, ou presque, *France-Soir*, *Paris-Presse*, *L'Intransigeant* et *Ce soir* donnent de nouvelles informations en première page : « Il chante depuis vendredi soir dans le club le plus fermé de New York, devant un public choisi par le gouvernement américain. » « On ne sait pas s'il comparaîtra devant la justice américaine. » « Son imprésario dénonce un abus inadmissible de l'administration. » « Impossible de lui parler ou de le voir. » « Il a demandé, en vain, sa mise en liberté provisoire car il a des engagements à respecter au Canada.» «Il est là depuis trois semaines, et on ne sait toujours pas vraiment pourquoi.» «Il n'est pas exclu qu'il ait été victime d'une dénonciation provenant de personnages parisiens qui auraient intérêt à lui nuire. Sinon, la détention serait inexplicable.» L'attitude de l'administration américaine fait scandale dans les coulisses du pouvoir, leurs courriers sont comparés aux lettres de cachet du XVIIIe siècle et on évoque même ce que les autorités de Vichy appelaient «l'internement administratif». De son côté, son avocat déclare à la presse américaine que « Monsieur Trenet a beaucoup de plaisir à être à Ellis Island, [qu'il est] bien traité, au repos absolu, jouissant de la solitude et d'une nourriture convenable ». Il rend ensuite visite à Charles pour lui raconter son initiative et ajoute à ses explications une demande de provision de 1000 dollars pour ses honoraires. En réponse, il subit les foudres de son client. Charles trouve son idée stupide et contre-productive, et pas seulement parce qu'elle ne correspond pas du tout à la réalité. De plus, il n'est pas question de donner le moindre cent à ce type qui ne comprend rien à son histoire et parle à peine français! Sur le conseil du consulat français, qui prend quotidiennement de ses nouvelles, il engage une «pointure», William Roseborough. Ce dernier donne immédiatement un coup de pied dans la fourmilière bureaucratique. Le 4 juin, les services d'immigration lui accordent une audience administrative au cours de laquelle le fonctionnaire de service explique, d'une voix monocorde, qu'il est toujours en attente du complément d'enquête demandé à Paris. L'homme de loi, qui a des amis parmi ses supérieurs, mène son enquête et finit par découvrir que le document est arrivé de France le 27 mai, mais qu'une secrétaire l'a placé sous une pile. Il s'agit d'un extrait de casier judiciaire vierge, démontrant que toutes les accusations portées contre monsieur Trenet relèvent de l'affabulation.

Le 10 juin, Charles est enfin libéré. Sur parole et pour 60 jours. Ce qui, en langage administratif, signifie que si aucune information complémentaire n'est apportée d'ici là, il sera autorisé à circuler normalement sur le sol américain. Quelques heures plus tard, Charles descend en courant la passerelle du ferry-boat qui l'a conduit d'Ellis Island à New York. Une foule de photographes et de journalistes l'attend. Il peut enfin s'exprimer en toute liberté, et ne s'en prive pas. La presse française reprend ses propos. « Ces accusations sont des ragots stupides. J'ai été nourri comme un cochon. J'ai été obligé de me lever à 6 heures, de me coucher à 21 heures. Si ma réputation n'était pas en jeu, je repartirais immédiatement en France. Je vais raconter ce que j'ai subi dans un livre qui s'intitulera *Les mémoires d'un captif.* » Il s'est finalement contenté d'une série d'articles devenus le feuilleton de l'hebdomadaire *Samedi Soir.* Marie-Louise y est allée aussi de ses explications, sous la forme d'une lettre à Julot dans laquelle, comme d'habitude, elle ne mâche pas ses mots. « Charles s'est vu relégué injustement à Ellis Island, victime d'une dénonciation faite aux autorités américaines. Charles avait alors 18 ans. Le 14 juillet 1931, après une joyeuse soirée au Casino, il a joué au fantôme dans les jardins, vêtu d'un simple slip avec un drap blanc sur la tête. Il s'est dirigé vers l'hôtel pour le "hanter". Le garde-champêtre, qu'il avait déjà fait enrager, est arrivé, et lui a dressé un procès-verbal pour "attentat à la pudeur". Il est passé devant le tribunal correctionnel de Prades, qui l'a condamné à six jours de prison avec sursis. Cette farce de gamin a été grossie et dénaturée auprès des autorités américaines. Le drame a été monté en épingle. On a fantasmé aux États-Unis sur les mots "attentat" et "pudeur". Celui qui a transmis l'article de journal aux autorités américaines savait quels ennuis il allait attirer à Charles et les scandales qu'il allait déclencher. » Dès le mardi qui a suivi l'arrestation et l'emprisonnement de son fils, Marie-Louise est allée chercher les pièces justificatives demandées. Accompagnée de son avocat, elle les a déposées à l'ambassade des États-Unis et au ministère des Affaires étrangères. En même temps, elle en a adressé une copie, en recommandé et par avion, aux services de l'immigration d'Ellis Island. « Il est maintenant lavé de toute suspicion et à même d'exécuter tous ses contrats aux USA, n'en déplaise à celui qui a dit dans Paris en bavant que Charles ne chanterait plus jamais aux États-Unis. Je sais qui est le coupable. Ma conviction personnelle est faite, mais je n'ai pas assez de preuves légales pour l'attaquer. J'espère les trouver avec l'aide de Dieu. Je m'y emploierai autant que je pourrai et lui ferai payer son acte calomniateur. Mon cher Julot, vous allez avoir bientôt la joie de voir éclater la vérité dans la presse. »

Ce ne sera pas le cas. Dès les premières déclarations de Charles, les conseillers de la Maison-Blanche ont mesuré l'ampleur des dégâts diplomatico-médiatiques de cette navrante affaire. Soucieux d'éteindre l'incendie, le gouvernement américain présente à « Monsieur Trenet » des excuses officielles et lui offre, à titre de dédommagement, un permis de résident permanent. Charles les accepte. Cela fait partie des mauvais souvenirs dont, c'est juré, il ne parlera plus jamais. Je peux vous affirmer qu'il a tenu sa parole.

16.

Si loin de sa "Douce France"

La chaleur de l'accueil du public canadien a réchauffé un cœur qui en avait bien besoin. Arrivé six semaines plus tard que prévu, Charles est en manque de récitals. Il va se rattraper en profitant de rappels enthousiastes pour ajouter chaque soir quelques chansons de plus aux 24 prévues dans un programme de deux heures. À l'issue d'un triomphe à L'Oasis, une salle aujourd'hui disparue, il adresse un télégramme à sa mère. « Accueil triomphal partout. STOP. Contrats de plus en plus extraordinaires. STOP. Aucune lettre des impôts. STOP. Santé formidable. STOP. »

Chaque soir, le public reprend en chœur « Douce France », « Ohé, Paris » et « On danse à Paris ». Il crée « Dans les rues de Québec » et « Voyage au Canada ». En revanche, il renonce à terminer et à enregistrer des couplets qu'il comptait intituler « Mon cher Canada », ce qui n'est pas grave. Il n'a pas besoin d'une chanson pour dire combien il est « tombé en amour », comme on dit là-bas. Il a eu un coup de foudre pour un pays qu'il va régulièrement parcourir ensuite. La première tournée de deux semaines, à raison de 350 kilomètres par jour entre deux villes, sera suivie d'une autre, de plus d'un mois. La fatigue est là, bien sûr, mais elle ne compte pas. Il est libre et respire à pleins poumons un air aussi pur que ses mélodies.

Grâce à lui, les Canadiens découvrent la qualité d'une chanson française qu'ils ne connaissaient pas vraiment. Charles en devient le pionnier. À la fin de sa tournée au Canada, il décide de s'offrir des vacances vagabondes. Un soir de 1949, il arrive à Québec où il découvre, par hasard, un minuscule café-restaurant, « Chez Gérard ». Il entre et fait la connaissance de Gérard Thibault, le maître des lieux. Ce dernier connaît et aime la chanson française et ne dissimule pas sa surprise en apercevant au comptoir un client aussi célèbre. Les deux hommes commencent à discuter, de tout et de rien, comme de vieux amis. Très à l'aise dans cet espace minuscule, mais tellement chaleureux, Charles demande à Gérard s'il serait d'accord pour qu'il vienne le soir interpréter quelques chansons. Il a repéré un piano près du bar, ce qui lui permettra d'être accompagné. Il précise que l'argent n'est pas un problème. Son prix sera le sien ! Son interlocuteur sourit de ce qu'il considère comme une bonne blague. Pas du tout ! Trenet insiste et obtient satisfaction. C'est ainsi qu'il va se produire devant les habitués, essentiellement des bûcherons buveurs de bière, mais très vite aussi, grâce au bouche à oreille, devant le Tout-Québec et les plus hautes personnalités du gouvernement, décidées à ne pas rater un moment aussi unique. Pendant plusieurs semaines, peu avant 23 heures, quand Gérard lance « arrêtez les filets mignons, y a Trenet qui va chanter ! », il bondit sur une scène minuscule, posée sur deux tonneaux, et interprète une dizaine de ses plus grands succès. Le public est en phase avec l'interprète : ils sont heureux.

Trenet profite de ce séjour pour découvrir des villages traditionnels, au pied des montagnes des Laurentides. Un après-midi, ses pas l'entraînent dans une minuscule église, où la messe est en train de se terminer. L'acoustique exceptionnelle lui donne envie de pousser la note. Encore et toujours pour le plaisir, il demande au curé l'autorisation de fredonner quelques couplets. Le représentant de Dieu, qui ne l'a pas reconnu, lui donne sa bénédiction. Charles interprète alors, a capella, « Douce France », devant des paroissiens ébahis. Lorsqu'il a terminé, le curé le remercie avant de lui glisser à l'oreille : « Mon Dieu, c'est t'y pas beau, ces chansons du XVIIIe siècle ! »

Un autre soir, à Montréal, il croise les Compagnons de la chanson, en tournée au Québec. Ceux-ci doivent leur notoriété à Édith Piaf, qui a été la première à croire en eux et leur a offert leur premier succès en enregistrant, avec eux, en 1946, « Les trois cloches ». Ils sont pour quelques jours à Montréal et se produisent au Café de l'Est, un cabaret où les chanteurs français sont régulièrement à l'affiche. Charles assiste à leur récital, puis dîne avec eux, histoire de faire un peu plus connaissance. On parle chanson. Charles révèle qu'il a commencé, le jour même, à écrire des couplets qu'il compte intituler « Mes jeunes années ». Il a même déjà la mélodie en tête. Il fredonne le début devant neuf garçons enthousiastes qui, visiblement, désirent entendre la suite. Pour leur faire plaisir, il demande une feuille de papier et un crayon. À trois heures du matin, après plusieurs plats de spaghettis accompagnés d'une bouteille de chartreuse verte, il termine les paroles et la musique en ignorant le destin fabuleux de cette chanson. Elle va devenir, entre autres, l'indicatif d'une station de radio au Japon. Entre-temps, Charles a créé des liens d'amitié avec le chef des Compagnons. « Jean-Louis Jaubert est maintenant un excellent camarade de mon fils, écrit Marie-Louise à Julot, au début de l'année 1950. J'en suis heureuse. Cela me console des autres rats visqueux comme aux procès de Moscou orchestrés par Staline. » Elle ajoute : « Jean-Louis sait ce qu'il lui doit. "Mes jeunes années" est en train de devenir un hymne au Canada. Les montagnes de France et le ciel léger de son beau pays, ça fait rêver les Canadiens. » À l'inverse de ce que Georges Brassens a chanté, le temps ne fait pas toujours rien à l'affaire. Il a fait beaucoup pour ces jeunes années, devenues éternelles, et pas seulement parce qu'elles figurent aujourd'hui au programme de bon nombre d'écoles du Québec.

Ce succès s'ajoute à d'autres, dans une Amérique définitivement conquise. Entre 1948 et 1951, Charles multiplie des performances que sa mère va soigneusement consigner dans les courriers qu'elle adresse à Julot. Grâce à elle, nous pouvons ainsi reconstituer les moments forts d'un marathon de près de 36 mois. Il y a d'abord, après le Canada, le retour à New York. Les 26 jours de prison de Charles Trenet à Ellis Island ont marqué les Américains qui se bousculent à l'entrée du Loew's State Theater, le soir de la première du nouveau récital du « *French Singer* ». Il est l'attraction à ne pas manquer. Lorsque Trenet entre en scène, des sifflets et des cris d'animaux se mêlent aux applaudissements. Il ne les relève même pas, et il en sera récompensé. « Cette cabale a eu l'effet contraire de ce que souhaitait celui qui en est à l'origine, sans doute la même personne qui l'a dénoncé aux autorités américaines, écrit madame Caussat. Le public a pris sa défense et lui a fait une ovation. Le directeur lui a dit que jamais un artiste n'avait été autant applaudi ici. »

L'accueil va être identique au cabaret de l'hôtel Plaza à l'Ambassador, et dans d'autres salles par lesquelles il va faire un détour pendant ces trois années américaines. Il affiche complet de Boston à Hollywood. À Los Angeles, il se produit à l'Embassy, réplique exacte de celui où, deux ans auparavant, il a fait ses débuts aux États-Unis. « C'est dire qu'il est grand et laid », écrit-il à Julot. Elsa Maxwell, la « commère » dont les articles sont publiés dans 50 journaux, le présente comme « la nouvelle gloire Frenchy de Beverly Hills ». Le voici ensuite au Chili où la semaine de récitals prévue à l'origine est prolongée de 15 jours. Il débute l'année 1949 à Lima, avant de triompher, tout au long du premier trimestre, de Lima à Rio de Janeiro en passant par Sao Paulo, Buenos Aires. Le plus grand hebdomadaire d'Argentine lui consacre un article, que l'auteur titre : « Paris nous a envoyé un morceau de son cœur, avec Charles Trenet ». Au Mexique, où il est à l'affiche pour deux mois, il est invité au palais présidentiel pour chanter devant le président Miguel Aleman Valdès. Il se produit également devant le maire de Mexico, avant d'être l'invité d'honneur de l'inauguration de l'Institut de France, par l'ambassadeur.

« Si vous saviez le nombre de galas gratuits chez les personnalités françaises et étrangères qu'il accepte de donner dans les capitales des deux Amériques », écrit Marie-Louise à Julot, en avouant combien elle est fière de son fils, à la scène, mais aussi à la ville. « Il est parfait en tout, en talent et en conduite. Pas un verre d'alcool, même pas une goutte de vin. »

Charles le confirme, en direct, à Julot. « Je vis comme un moine. La seule différence entre un moine et moi, c'est que le moine va chanter à l'office et moi je chante pour mes fidèles. » Dans le même courrier, il assure qu'il est sur le point d'acheter une mine d'or. « Il faudra qu'Antoine s'en occupe car moi je ne peux pas chanter le soir et piocher dans la journée. »

Pendant ces trois années, Julot va régulièrement recevoir d'autres courriers à l'en-tête d'hôtels prestigieux à New York, Hollywood, Rio de Janeiro. Connaissant parfaitement, pour l'avoir vécu, l'esprit de Charles quand il s'adresse à ses vrais copains, je peux vous assurer que Julot Verbeeck mérite parfaitement son surnom de « l'ami belge ». Trenet lui fait une confiance absolue et lui envoie les documents qui lui permettront de raconter, sans le déformer, son parcours aux États-Unis. « Voici quelques articles de choix, qui feront ta choie, pardon ta joie. Ils ont fait la mienne et il est grand temps que l'écho de ce bonheur te parvienne. » Julot s'acquitte parfaitement de sa mission. Charles lui exprime sa gratitude. « Merci de ton article enflammé et en flamand. Depuis que je parle espagnol, je comprends le flamand sans doute parce que ces deux langues n'ont aucune espèce de rapport entre elles. »

Une autre fois, Trenet assure qu'il ne lui écrira plus qu'en vers, et le prouve. « Julot, mon doux agneau, voici des photos / J'espère / Qu'elles feront l'affaire / Des journaux / Pour ma part, elles ne déplaisent / Pas trop / J'y suis à l'aise / À la française / Même en auto / Julot, fidèle enfant, voici ma lettre / Je te l'offre comme un lilas / Lis-la (c'est fin) / Sans la foutre par la fenêtre / Enfin / Fais-en ce que tu voudras. »

Cette vie trépidante n'empêche pas des moments de nostalgie. Un après-midi où il souffre soudain du mal du pays, Trenet s'enferme dans sa chambre d'hôtel et écrit ce qu'il appellera sa « chanson-testament », « L'âme des poètes ». Que deviendront ses chansons quand il aura rejoint les étoiles ? Il l'ignore. Ce dont il est certain, en revanche, c'est que la question ne se posera pas vraiment lorsque les historiens se pencheront sur une carrière cinématographique qui ne se révèle pas à la hauteur de ses espoirs. En 1948, un changement d'actionnaire à la tête d'Eagle-Lion rend caducs les contrats signés deux ans auparavant. « Il est question que la Metro-Goldwyn-Mayer rachète son contrat », assure alors Marie-Louise. En réalité, les dirigeants de la MGM lui proposent d'être la tête d'affiche d'un film écrit par un romancier belge qui vient de s'installer en Californie, Georges Simenon. Dans cette histoire policière, il incarnerait un promoteur immobilier qui communique à des voleurs les plans de ses immeubles afin de toucher une prime d'assurance après le cambriolage. « Et la poésie, la musique, expliquez-moi où elles se trouvent dans cette histoire ? » demande-t-il sèchement à ses producteurs en puissance, au cours d'une réunion houleuse qui va mettre un terme définitif aux pourparlers en cours. Charles n'en est pas fâché, bien au contraire. La France lui manque de plus en plus. Il n'a qu'une hâte : fuir Hollywood qui, à ses yeux, ressemble à un cimetière pour chiens. Il se jure de le quitter le plus vite possible, et de ne plus jamais y mettre les pieds.

Une fois de plus, je le confirme, il a tenu parole.

17.

La vérité sur le "procès Trenet"

« Je voudrais seulement vivre jusqu'à ce que je te voie au port, c'est-à-dire pourvu d'une affection sûre, quelque chose qui pourrait un peu remplacer la mémère. Et je prie Dieu pour cela. Je n'en serais pas jalouse mais heureuse si tu étais heureux. Et il me semble alors que ma tâche serait finie. » Au début des années 50, Marie-Louise confie, dans une lettre à son fils, son désir de le voir se marier, d'être aussi heureux qu'Antoine avec Léone, une femme dont elle parle comme d'« un trésor de bonté ». « Je ne sais si Antoine apprécie à sa juste valeur ce présent du ciel, ajoute-t-elle. C'est un présent équivalent et adapté à toi que je voudrais pour toi. Peut-être cela viendra-t-il un jour? Cela arrive au moment où on s'y attend le moins. Pour l'amour de Dieu, garde-toi d'un mariage spectaculaire, cela achèverait de détruire en toi le peu de bonne opinion que tu as des femmes. »

La femme est-elle alors l'avenir de Charles? Dit-il, ou pense-t-il vraiment du mal de ce que l'on appelle, à tort, le sexe faible? Je n'en suis absolument pas convaincu. Charles n'a jamais nié son homosexualité, certes, mais ne s'en est pas vanté non plus. Il m'a confié, un après-midi, que les occasions pour certains d'en rajouter n'avaient pas manqué. Dans les fêtes parisiennes, Max Jacob s'amusait ainsi à lui lancer, devant les autres invités : « Ce soir, tu seras mondaine et je serai ton daim ! » Quant aux femmes, il n'en a jamais dit le moindre mal, bien au contraire. Il en a aimé et les a toujours respectées. Beaucoup ont partagé sa table et le témoin que j'ai souvent été peut vous assurer qu'elles ont découvert, au fil des heures de ces longs repas, un homme aussi galant qu'attentionné.

Un soir, à la fin d'un déjeuner qui s'était prolongé jusqu'à 20 heures, Charles, en veine de confidences, m'a exceptionnellement parlé de ses histoires d'amour, des moments où, comme l'a chanté Guy Béart, « il a été bien dans les bras du sexe opposé ».

La première se prénommait Jessica. Nous sommes en 1926. Il a 13 ans et passe le mois d'août au Cap Ferret, avec sa mère. Au détour d'une dune de sable, il croise le regard d'une jeune Anglaise qu'il trouve absolument charmante. Ils font connaissance et le courant passe. Un après-midi de pluie, elle l'entraîne dans sa chambre, pour lui montrer sa collection de timbres. Près de sept décennies plus tard, il m'a avoué avoir conservé un « charmant souvenir de ce premier amour d'enfance ».

Deux ans plus tard, à Berlin, il fait la connaissance d'Eva, 15 ans. Elle est, comme lui, élève à l'École des Arts décoratifs. Charles la raccompagne souvent chez elle, après les cours. Un après-midi, elle l'invite à entrer, se met au piano et joue leur morceau préféré, un impromptu de Schubert. Le début d'un duo à quatre mains, fait de douces caresses et de baisers tendres.

Les années passent. En 1938, pendant le tournage du film *Je chante,* dont il est la tête d'affiche, il sympathise avec une jeune comédienne, Corinne Luchaire. Elle interprète le rôle de l'une des élèves du collège de Clairefontaine, où se déroule de l'action. Pendant six mois, ils vont être quasiment inséparables.

Enfin, en 1945, à la fin d'un tour de chant au Gaumont-Palace, place Clichy, Charles fait la connaissance d'une admiratrice, blonde aux cheveux frisés, Monique Pointier. Le coup de foudre. Ils ne se quittent plus. Charles veut l'épouser le plus vite possible, avoir des enfants avec elle. Le problème, c'est que Marie-Louise ne veut pas en entendre parler. Elle dit la trouver trop désordonnée à son goût. Ce n'est visiblement qu'un prétexte. Dans un courrier qu'elle adresse à Charles aux États-Unis, elle lui révèle que Monique vient de subir une petite opération et risque de ne jamais devenir mère. Il s'agit d'une supposition sans preuve. Elle crée la panique dans l'esprit du destinataire, qui imagine alors le pire. Il ne sera donc jamais papa. Il n'en dort plus. À son retour de New York, il rompt avec Monique, sans lui donner la moindre explication, pour ne pas ajouter à son chagrin. Il va profondément regretter ce manque de franchise, quand il la croisera quelques années après à Monte-Carlo, mariée à un duc et mère de trois enfants.

Si cette histoire que Charles m'a racontée, la gorge serrée, est vraie – et je n'ai aucune raison d'en douter – Marie-Louise, qui rêvait de voir son fils marié, a brisé cette union des cœurs, mais aussi, sans doute, la seule véritable occasion de devenir grand-mère. A-t-elle pris conscience de sa responsabilité dans cette rupture ? L'a-t-elle regrettée ? Le sujet n'a plus jamais été abordé. Ni par elle, et encore moins par son fils. La loi du silence a parlé.

« La solitude, c'est mon luxe, et mes enfants ce sont mes chansons », a souvent déclaré Trenet au début des années 60. C'était sa réponse quasi systématique aux questions sur sa vie privée. Une vie privée dont il ne parlait jamais et qui fait, le 12 juillet 1963, la une des journaux. On y annonce que Charles Trenet a été arrêté la veille dans sa propriété d'Aix-en-Provence, et vient de passer sa première nuit en prison. Pour quelle raison ? On parle d'une histoire de mœurs, mais on n'en dit pas plus. La situation s'éclaircit dans les jours qui suivent. Il serait accusé d'avoir eu des gestes inadaptés sur des « mineurs » venus déjeuner chez lui.

Émile Hebey, l'imprésario de Charles qui a pris la relève de Maurice Roget, est le premier à rendre visite à Charles à la prison d'Aix-en-Provence. Au parloir, à l'issue de longues explications, les yeux dans les yeux, Émile Hebey est convaincu de son innocence. Il supplie Charles de le laisser prendre en main la communication de cette histoire, de lui donner l'autorisation de rapporter à la presse les propos que son artiste vient de lui tenir. La réponse est immédiate, et négative. Fidèle à sa règle de vie, Trenet a décidé de se taire. Il en a vu d'autres, et les conditions de détention sont plus supportables que le cauchemar d'Ellis Island. Il est certain, au plus profond de lui-même, que justice lui sera rendue. Il suffit simplement d'attendre. Au fil des jours, il finit par sympathiser avec les détenus. Il chante avec eux et partage même, en leur compagnie, quelques bouteilles à la santé des gardiens.

Pendant ce temps-là, les interventions se multiplient en haut lieu. Des voix se font entendre pour demander la libération conditionnelle de cet illustre prisonnier. Il n'a pas commis le moindre crime, et ne mérite pas ce traitement ! Le ministère de la Justice répond par un veto formel, sans la moindre explication. On sait aujourd'hui qu'il a reçu des ordres de l'Élysée. Il semblerait qu'un conseiller, connaissant l'aversion d'Yvonne de Gaulle pour les homosexuels, ait pris l'initiative de donner des instructions dans ce sens. Ce qui est certain, c'est que le général n'y est pour rien. J'en veux pour preuve ce jour où, pendant un conseil des ministres, se référant à « L'âme des poètes », une chanson qu'il affectionne, il a lancé : « Messieurs, vous faites un métier obscur, mais longtemps après que vous aurez disparu, votre nom courra encore dans les rues. » Il aimait écouter les chansons de Trenet et l'a chaleureusement salué, un soir, lors d'une réception au Palais de Chaillot.

Le 10 août 1963, soit 28 jours après son incarcération, Charles est remis en liberté provisoire, non sans avoir versé une forte caution. Il devait sortir le vendredi, mais a finalement choisi le samedi. Pourquoi? Parce que c'est le jour d'un marché qui se déroule traditionnellement au pied du bâtiment. C'est ainsi que, lorsqu'il franchit la porte de la prison, il est acclamé par 3000 personnes, qui l'applaudissent longuement. Le plébiscite populaire a été parfaitement orchestré ! Le soir même, il donne un récital triomphal. Les spectateurs se lèvent et l'ovationnent lorsque dans « Je chante », il lance « d'autres moustaches m'ont dit, au poste, ah ! mon ami, c'est vous le chanteur, le vagabond ? On va vous enfermer votre compte est bon ! ». L'émotion est palpable, dans la salle comme sur scène. Après 31 chansons interprétées sans le moindre signe de fatigue, il quitte la scène puis revient en ayant troqué son traditionnel costume bleu contre un maillot bleu ciel de gymnaste. Devant une foule debout, il s'empare d'un haltère de 50 kilos qu'il soulève et repose à plusieurs reprises. Il conclut sa performance en remerciant l'assistance. « Je suis venu ce soir en ami. Vous avez toujours été gentils avec moi. Depuis quatre semaines, vous êtes très nombreux à m'avoir confirmé cette gentillesse. J'ai 51 ans, mais j'ai voulu, ici, vous montrer ce que je suis encore capable de faire à mon âge. » En coulisses, il confie son amour pour la ville d'Aix-en-Provence, même s'il y a beaucoup souffert. Encore sous le choc, il assure, même s'il n'y pense pas, qu'il va vendre sa propriété et s'installer à Narbonne. On lui recommande d'attendre. Le procès va avoir lieu et tant qu'il n'a pas été condamné, il est présumé innocent.

J'ai tout lu, tout entendu, à propos de cet épineux dossier. Des soi-disant bien informés m'ont expliqué les raisons qui les poussaient à le croire coupable. Au milieu des années 90, certains l'ont publiquement accusé de « pédophilie ». « Je n'ose même plus embrasser une petite fille qui m'offre des fleurs dans ma loge, après un concert, de peur qu'il y ait un photographe et que l'on m'accuse du pire », m'a-t-il confié à cette époque, visiblement touché par des attaques auxquelles, comme d'habitude, il n'était absolument pas question de répondre. Il aurait dû forcer sa nature naturelle et son principe de laisser filer les attaques sans jamais y répondre. Ce silence volontaire a fait que 60 ans après, la rumeur court encore dans les rues. Elle nuit à une postérité que l'œuvre mérite largement.

J'ai fini par me faire une raison. La vérité n'éclaterait jamais, faute de preuves. Il faudrait se contenter de quelques hypothèses sur l'origine de cette affaire, à commencer par la vengeance d'un voisin d'Aix-en-Provence pour une histoire de terrain à bâtir que Trenet et lui convoitaient. Et puis, Valérie Hebey est arrivée. Fille d'Émile Hebey, l'imprésario de Charles au moment des faits, elle a été bercée, enfant, par les chansons du poète. Elle lui rend aujourd'hui hommage en l'interprétant sur scène, accompagnée par une formation de jazz. Apprenant qu'elle avait retrouvé, dans les archives de son père, la quasi-totalité des minutes du procès, je lui ai demandé si je pourrais, éventuellement, les consulter. Soucieuse de contribuer à la réhabilitation d'un homme qu'elle a souvent rencontré dans ses jeunes années, elle m'a immédiatement donné son accord. Au nom de la mémoire du poète, je l'en remercie du plus profond de mon âme. J'ai ainsi pu accéder, pour la première fois, à des éléments que j'ai cherchés, en vain, dans les archives de la justice : des documents établis par les commissions rogatoires à la suite des interrogatoires de police, le premier jugement, et, enfin, le PV de l'arrêt de la cour d'appel. Cela me permet aujourd'hui de vous raconter enfin la vérité, toute la vérité, je le jure !

L'affaire débute le 11 juillet 1963, vers 16 heures, dans le hall de l'hôtel de police d'Aix-en-Provence. Charles rencontre l'officier de police Torrès, et lui expose le motif de sa visite : il a un différend avec son chauffeur-cuisinier, Robert Derlin. Trenet a décidé de le renvoyer dans les Vosges, chez sa mère, à qui il vient d'adresser un télégramme pour lui annoncer la nouvelle. Il reste une démarche délicate, la remise du billet de train à celui qui n'est plus désormais que son ex-employé. Le jeune homme est nerveux, colérique et Charles n'est pas à l'abri d'une dispute qui se transformerait en coup de folie. Pour éviter ce risque, il souhaite que le représentant des forces de l'ordre convoque ledit Robert pour éviter tout problème. Le policier, un peu surpris, répond qu'il ne lui appartient pas de s'immiscer dans une affaire à caractère privé. Trenet insiste. Il craint une réaction violente de celui qu'il congédie, et souhaite, en cas de litige, la présence d'un uniforme. Il finit par obtenir gain de cause. Ensemble, ils vont chercher le jeune homme, attablé dans une brasserie voisine, le Cintra, et le ramènent au poste. Trenet lui remet aussitôt le billet de train convenu. Son interlocuteur, le visage fermé, le lui jette au visage, avant de lui lancer : « Si tu veux que je quitte Aix, il faut que tu me paies l'année de travail que j'ai effectuée. » Charles répond qu'il ne lui doit plus rien, et qu'il ne cédera pas à ce chantage. Il se lève, remercie le policier, et s'en va. Quelques secondes plus tard, le jeune homme, furieux, déclare à l'officier de police : « Je sais suffisamment de choses sur Charles pour l'envoyer en prison. Je veux témoigner. »

C'est ainsi qu'une heure plus tard, au commissariat, il signe une déposition en forme de bombe. Il assure avoir connu son ex-patron pendant l'été 1962 et avoir eu, avec lui, des rapports « contre nature » jusqu'au mois de janvier 1963. Ensuite, il lui aurait servi de « rabatteur sexuel », et aurait touché 5000 anciens francs, 50 francs de l'époque, pour chaque prise. À la suite de cette déclaration, des gendarmes prennent la direction du Domaine des Esprits, la propriété que Charles a fait construire en 1945, dans la campagne voisine. Ils interrompent son déjeuner avec des amis et lui demandent de le suivre. Il est mis en garde à vue et emprisonné par la suite.

Le procès, fixé au 6 novembre 1963, est finalement reporté au 8 janvier 1964. Trenet a en effet signé, un an auparavant, une tournée au Mexique qu'il lui est impossible d'annuler. Le jour dit, les curieux ne sont exceptionnellement pas admis dans la salle des pas perdus. Il a en effet été décidé que les audiences auraient lieu à huis clos. Robert Derlin, le principal accusateur, arrive, accompagné de deux autres jeunes gens, Antoine Valenza et Wilhem Deelman qui, eux aussi, accusent le poète d'avoir eu, à leur encontre, des gestes sexuels particulièrement déplacés. Le débat est lancé : les trois plaignants assurant qu'ils avaient 18 ans au moment des faits, et donc juridiquement mineurs. Pour rappel, en 1963, la majorité est alors fixée à 21 ans – elle passera à 18 sous la présidence de Valéry Giscard d'Estaing – et la loi sanctionne les actes posés sur les moins de 21 ans. Le trio ne réussit pas, toutefois, à apporter la moindre preuve à des accusations que la défense dément formellement. Les inspecteurs de police s'expriment à leur tour. Ils assurent à la barre qu'après avoir fouillé le Domaine des Esprits, de fond en comble, ils n'ont retenu, dans leurs rapports, qu'un seul détail suspect : la présence d'une dizaine de pantalons blancs dans un placard ! C'est un peu léger. À l'issue de débats où aucune preuve n'a véritablement été apportée, dans un sens ou dans l'autre, les juges, particulièrement gênés, ont bien du mal à prendre une décision. Ils décident finalement d'infliger, pour l'exemple, une amende de 10 000 francs à l'accusé, assortie d'un an de prison avec sursis, pour « perpétration d'actes impudiques et contre nature avec des mineurs de son sexe ». Les magistrats ne doutent pas un instant que l'affaire ira en appel, et ils ont raison. L'avocat de Trenet le réclame le soir même.

Dans les jours qui suivent, les journaux nationaux et locaux vont évoquer cette condamnation en long et en large. En revanche, à ma connaissance, il n'y a pas eu le moindre compte rendu du second procès, qui s'est déroulé le 28 avril 1964, à la cour d'appel d'Aix-en-Provence. C'est vraiment dommage. La simple lecture du jugement prononcé le 2 juin 1964 suffirait à remettre définitivement les pendules à l'heure.

Pendant les 15 mois qui ont suivi la première décision de justice, l'enquête s'est poursuivie. Dès le lendemain de l'appel, le magistrat instructeur a exigé d'en savoir plus sur des accusations qu'il estime sans preuves, et particulièrement vagues. Un inspecteur se met en chasse et découvre rapidement que le principal accusateur, Robert Derlin, a déjà été en prison, après avoir été condamné par le tribunal correctionnel d'Aix-en-Provence pour « complicité d'actes impudiques et contre nature avec des mineurs de moins de 21 ans » mais aussi pour des « actes de proxénétisme ». Il apprend également que le jeune homme en question a tenté d'obtenir, dans l'entourage de Charles, des attestations confirmant ses dires. Monsieur Lemoine, marié, père de six enfants et intendant du Domaine des Esprits, est convoqué par l'inspecteur. Il assure, dès son arrivée à l'hôtel, qu'il espérait depuis longtemps cet instant où il allait, enfin, pouvoir ouvrir son cœur. Il rapporte, en particulier, des propos que le jeune homme a tenus, devant lui, au début du mois de juillet 1963 : « Je ferai chanter le patron, et il y aura une grande bagarre. » « Ce type est dingue et mythomane », conclut monsieur Lemoine, avant de signer son témoignage.

Convoqué au commissariat, Robert Derlin nie, puis finit par avouer son mensonge. Oui, il a tenté de récupérer ces attestations, pour les mettre sous les yeux de Charles, dans le cas où il le chasserait sans le dédommager financièrement. Il en a obtenu quelques-unes, mais il est dans l'impossibilité de les montrer à la police. Il prétend les avoir oubliées à Juan-les-Pins, et que Charles les aurait sans doute retrouvées et aussitôt détruites. L'inspecteur, visiblement peu satisfait de cette réponse, enchaîne sur les premières accusations portées par son ex-employeur. Pour quelles raisons a-t-il été licencié ? La tête basse, l'accusateur confirme ce que Charles avait déclaré, bien avant le premier procès. En l'absence de son intendant, il l'avait chargé de garder son domicile, le temps d'une tournée de quelques semaines. Il a abusé de sa confiance en jouant les maîtres de maison. Il a invité chaque soir des copains pour des soirées joyeuses, bien arrosées et que l'on peut qualifier de « particulièrement légères ». Le propriétaire en a été alerté, dès son retour, par des voisins. À l'issue de ce que l'on appelle aujourd'hui l'entretien de licenciement, Robert Derlin a exigé un dédommagement qu'il estimait à 1500 francs. Charles a refusé. Furieux, dépité, son interlocuteur a décidé de se venger. Il assure toutefois qu'il ne voulait pas le faire chanter mais l'obliger à le garder et à l'entretenir sans travailler. Il ajoute qu'il avait besoin de cette somme pour se rendre à Paris, en compagnie de son ami Antoine Valenza, qui a marché dans la combine.

Convoqué à son tour, cet élève aux Beaux-Arts, que Charles a invité pendant quelques jours à Juan-les-Pins, est interrogé par l'inspecteur. À l'issue d'un récital à Canet-Plage, il a dormi dans une chambre d'hôtel à Narbonne où Charles l'aurait rejoint. Tel Columbo, le policier l'interroge sur un détail qui le chiffonne. L'imprésario et le pianiste de Charles assurent qu'Antoine n'était pas dans la voiture qui les a conduits de Canet-Plage à Narbonne. Comment ce garçon a-t-il pu parcourir, seul, sans le moindre véhicule, les 72 kilomètres séparant les deux villes ? Enfin, la police dispose d'un certificat médical attestant que ce soir-là, en coulisses, après le spectacle, monsieur Trenet a glissé sur une planche et s'est sérieusement blessé à la jambe. Il était visiblement dans l'incapacité physique de se livrer à la moindre familiarité. L'accusateur commence par dire, en balbutiant, qu'il était peut-être resté à Canet-Plage et avait confondu avec Narbonne, avant de craquer et de se rétracter. Oui, il a tenté d'obtenir ainsi l'aide nécessaire pour entamer une carrière d'artiste. Oui, il avait demandé à Charles d'engager ses parents comme gardiens de la villa d'Antibes, et s'était heurté à un refus.

C'est au tour du troisième jeune homme, Wilhem Deelman, de se rétracter. D'origine allemande, il s'exprime difficilement en français. À l'inspecteur qui l'a convoqué, il explique que l'officier de police qui l'a interrogé un an plus tôt n'a peut-être pas bien retranscrit ses dires. Ou alors, peut-être s'est-il mal exprimé à l'issue d'une garde à vue qui l'a impressionné, voire traumatisé. Afin que ses propos soient reproduits le plus exactement possible, on fait venir un traducteur qui, par serment, s'engage à répéter exactement ses paroles. Il raconte avoir fait la connaissance de monsieur Trenet, en faisant du stop sur la route d'Avignon. Charles l'a fait monter à bord de sa voiture où se trouvaient également son imprésario et son pianiste. Au cours de la conversation, il a évoqué son problème : il n'a pas trouvé la moindre petite chambre dans les auberges de jeunesse des environs, il ne sait pas où dormir. Trenet lui propose l'hospitalité pendant les 24 ou 48 heures qui lui permettront de trouver une solution. Dès le lendemain matin de sa première nuit à Aix-en-Provence, Wilhem sympathise avec Robert Derlin, qui obtient de Charles la prolongation de son séjour. Il assure, une fois encore, qu'il n'a pas été compris. Il n'a jamais accusé monsieur Trenet de quoi que ce soit. Il a simplement voulu exprimer son soutien à son ami Robert, qui a été si gentil avec lui...

Dans le compte rendu de ce procès, les conclusions de l'enquête sont formelles : elles dégagent Charles d'un climat « créé par des jeunes gens douteux. On ne sait rien de leurs origines, de leurs valeurs morales et de leurs mœurs. Ils ont visiblement cherché à tirer des avantages d'argent ou de carrière d'une vedette de la chanson. Ils ont fait partie d'une cour de jeunes gens et parfois de jeunes filles que l'on trouve autour d'un artiste en renom, qui, au surplus, se plaît à vivre au contact d'une jeunesse où, dit-il, il puise les qualités, l'allant, l'optimisme utile et fécond à sa carrière et à son inspiration ».

L'acquittement du prévenu devient évident. Les juges en conviennent, mais s'interrogent toutefois sur d'autres accusations portées par le trio et qui remonteraient cette fois à 1962. Les faits se seraient déroulés dans une chambre de la villa de Juan-les-Pins. Les trois jeunes gens l'affirment sans apporter toutefois la moindre preuve matérielle de l'existence de ces moments. Elle est juridiquement indispensable pour prononcer la condamnation du prévenu. Une autre question se pose. L'accusé savait-il que les jeunes gens étaient mineurs ou a-t-il été trompé par leur apparence physique, en particulier leur taille, leur corpulence et leur allure ? Charles répond qu'ils faisaient effectivement plus vieux que leur âge, mais soutient, d'une voix ferme, que leurs propos relèvent du mensonge le plus abject.

Enfin, les enquêteurs récupèrent un document de l'état civil démontrant qu'en 1962, Robert Derlin avait moins de 18 ans. L'affaire aurait donc dû être déférée devant un tribunal pour enfants. Plutôt que de reprendre à zéro un dossier sur lequel ils semblent s'être fait une religion, les juges décident de s'interroger seulement sur ce qu'il se serait passé entre le 9 juin, le lendemain des 18 printemps de Robert Derlin, et le 11 juin 1963.

Charles se trouve donc relaxé en appel. Sa peine de prison est annulée et son amende réduite de 10 000 à 5000 francs. Le lendemain, il écrit un communiqué de presse, que j'ai retrouvé dans son intégralité et que vous allez découvrir tel qu'il a été rédigé. Ses propos et les quelques précisions qu'il ajoute confirment la réalité de ce qui précède. Un document pour l'histoire de la chanson française...

« Je tiens, tout d'abord, à remercier les magistrats de la Cour d'Appel d'Aix-en-Provence, qui ont examiné avec l'attention la plus scrupuleuse tous les faits qui m'étaient reprochés. Ils n'ont ménagé ni leur temps, ni leur peine : l'audience, commencée à 14 heures, s'est terminée à 20 heures. Ils n'ont pas voulu se décider sur l'impression causée par les plaidoiries, et ils ont choisi, au contraire, de s'accorder un très long délai de réflexion.

Tous les faits ont été passés au crible par mes avocats, et je dois dire que la plus grande partie de leur démonstration a été acceptée, après mûre réflexion, par la Cour. Pour cette partie, je suis donc très satisfait et très heureux.

Je rappelle que j'avais été accusé par un jeune garçon qui travaillait chez moi. Il est à la base de l'affaire. Il a raconté sur mon compte les choses les plus abominables. Le Tribunal ne l'avait cru qu'à moitié. La Cour est allée plus loin, et elle n'a accordé aucun crédit à ces accusations.

Mon avocat avait insisté sur un fait qui avait échappé au Tribunal, et qui était capital : c'est moi qui ai décidé de chasser ce garçon, mais comme il était mineur, et que c'était sa mère qui me l'avait confié, je voulais être certain, connaissant ses défauts, qu'il ne ferait pas de sottises et qu'il retournerait au domicile de sa mère. Et c'est moi qui suis allé à la police et la Gendarmerie, pour demander qu'il y soit convoqué, et que je lui remette, en présence d'un officier, le billet de chemin de fer lui permettant de rejoindre le domicile maternel.

Au moment où je faisais cette démarche, je savais que ce garçon avait déclaré qu'il était furieux d'être renvoyé, et qu'il chercherait à me faire le plus de mal possible. Comment peut-on supposer, si j'avais eu quelque chose à me reprocher, que c'est moi qui aurais exigé sa convocation à la police. J'étais certain, ce garçon n'ayant rien à perdre et désirant assouvir sa rancune, qu'il répéterait aux policiers tous les actes abominables que j'aurais commis à son encontre. Ma demande de confrontation à la police donne bien la preuve de mon innocence.

Il est d'autres éléments qui ont retenu l'attention de la Cour : elle s'est rendu compte qu'il était presque impossible à un homme, accusé de faits qui se seraient passés sans témoin, de se justifier contre les accusations d'un garçon.

Cependant, la Cour a été frappée par deux éléments. Le premier, c'est que mon accusateur avait donné un certain nombre de détails matériels qui pouvaient être contrôlables. Or, pour chacun de ces détails matériels, nous avons apporté la preuve que cet accusateur mentait. Un autre fait a convaincu définitivement la Cour. Il faut savoir, en effet, que ce garçon prétendait notamment qu'il m'avait servi de rabatteur. Si l'accusation était vraie, il devait lui-même être condamné pour proxénétisme. Sur ce point, le Tribunal ne l'avait pas cru, et l'avait acquitté, "à son corps défendant". Or, ce garçon était tellement attaché à me perdre que, devant la Cour, il s'est produit quelque chose que mes avocats, qui fréquentent cependant depuis quarante ans les audiences correctionnelles, n'avaient jamais vu : l'un des avocats de ce garçon qui, je le répète, avait été acquitté, a insisté auprès de la Cour, pour que son client soit condamné. Il souhaitait retourner en prison, dans l'espoir de pouvoir m'y entraîner moi-même. Cette accusation étant éliminée, tout s'écroulait.

On avait, cependant, fait dire à la Police par un autre garçon que j'avais eu, vis-à-vis de lui, une attitude blâmable. Devant le juge d'instruction, ce garçon a affirmé qu'il n'avait jamais porté une semblable accusation, et la Cour a stigmatisé les procédés employés par la police contre moi, puisqu'il était établi, de l'aveu même d'un de mes accusateurs, que les policiers avaient insisté pour qu'une accusation soit insérée dans le procès-verbal, alors que cet accusateur reconnaissait qu'il n'avait jamais tenu semblable propos et que c'étaient les policiers qui l'avaient inventé.

Restait un garçon, grand ami de mon principal accusateur, avec lequel il avait projeté d'aller mener joyeuse vie à Paris. Ce garçon m'en voulait d'autre part, parce que j'avais refusé d'accepter ses parents comme gardiens de ma propriété. Il me reprochait deux faits. Le premier se serait passé à Juan-les-Pins. Le second à Canet-Plage.

Je prouvais, sans difficulté, qu'il n'y avait rien pu se passer à Canet-Plage, pour l'excellente raison que je m'étais borné à y donner une représentation, et que, m'étant blessé sur scène, j'étais immédiatement reparti pour Narbonne.

La Cour, frappée par cet argument décisif, a estimé que le jeune garçon avait menti sur ce point, et ne l'a pas retenu.

Elle a cependant retenu la première accusation, pour laquelle il était impossible de me justifier, puisque ce garçon prétendait que j'aurais eu avec lui une attitude incorrecte, alors qu'il était dans ma villa, et que je me trouvais effectivement dans cette villa, à l'époque où les prétendus faits se seraient passés.

C'est tout ce que la Cour a retenu. C'est encore beaucoup trop pour moi, car je suis complètement innocent. J'ai donc décidé, sur ce dernier point, de prier mon avocat de faire un pourvoi en cassation, car je veux définitivement être lavé de tout soupçon.

J'ajoute que j'ai été détenu près d'un mois, qu'une publicité anormale a été donnée à mon arrestation, alors que la Cour veut bien reconnaître maintenant que tout cet échafaudage de mensonges ne résiste pas à l'examen.»

Charles s'est pourvu en cassation, pour la forme, sachant parfaitement que sa démarche avait peu de chance d'être prise en considération. Le pourvoi a effectivement été rejeté le 2 mars 1965. Peu importe, l'essentiel avait été dit et maintenant écrit. La postérité du «Fou chantant» peut dormir tranquille.

18.

Vingt ans après

Au terme de ce voyage intime dans les archives de « l'ami belge », je plonge une dernière fois dans ces trésors qu'il ne fallait surtout pas oublier. Des dizaines d'articles de journaux, des photos, des programmes, de la salle Pleyel à Paris au Théâtre Royal des Galeries de Bruxelles, en passant par Le Capitol de New York, le Teatro Gloria de Rio de Janeiro ou Forest National, montrent la dimension de sa carrière internationale.

Les programmes édités à ces occasions sont aussi des leçons d'histoire lorsqu'on les replace dans le contexte de leur époque. À la fin des années 40, restrictions de papier obligent, ils sont d'un format extrêmement modeste, et comportent une douzaine de pages, au maximum. Celui du récital du dimanche 23 novembre 1947 à la salle Pleyel, à Paris, au profit de la Mutuelle du Déminage du ministère de la Reconstruction et de l'Urbanisme, tient même en huit petites feuilles !

Au début des années 50, à l'aube de ce que l'on a appelé les « trente glorieuses », ça commence à s'arranger. Les frais d'impression sont en partie financés par des pages de publicité. Elles sont achetées, en particulier, par le tailleur Max Evzeline qui habille Charles à la scène et pose avec lui, et par Delacroix, l'importateur de « marques mondialement connues – Jaguar, Mercedes-Benz et Nash ». Il assure que « Charles Trenet lui accorde sa confiance pour le choix de ses voitures». Les éditions Breton sont bien entendu présentes, à travers un slogan dont je vous laisse le soin de deviner l'auteur : « C'est chez Breton que mes chansons restent dans le ton.» Enfin, quand, en 1966, Charles fait sa rentrée à Paris après cinq ans d'absence, le livre-souvenir que l'on achète à l'entrée ou à l'entracte est imposant, dans tous les sens du terme : plus de 60 pages et un encadré de luxe répertoriant l'ensemble de ses chansons, illustré par Jacques Faizant. Ce programme réunit des textes en hommage au «Fou chantant» signés – excusez du peu – Paul Fort, Max Jacob et Philippe Soupault. Maurice Chevalier le congratule moralement en lui donnant un «coup de chapeau de paille». «Idole des jeunes» en 1938, Charles est également adoubé par celles du temps du rock-and-roll et des yé-yé. France Gall, qui vient de remporter le Grand Prix Eurovision avec «Poupée de cire, poupée de son» confie avoir, dans ses jeunes années, chanté plus de 1000 fois «Le soleil a rendez-vous avec la lune». Sheila raconte qu'enfant elle connaissait tout son répertoire par cœur, et le fredonnait, en boucle, à ses parents et ses grands-parents. C'est ainsi qu'est née, en elle, l'envie de chanter. Dans un mot manuscrit, Jean Ferrat dit avoir été élevé au Trenet comme d'autres au lait. Eddy Mitchell assure avoir enregistré «La mer», en hommage au talent d'un artiste qui a toujours surmonté les nouvelles vagues et demeure le plus jeune de tous les chanteurs. Johnny raconte un souvenir de ses débuts, six ans auparavant. «Un jour, avant mon entrée en scène, Charles me glisse à l'oreille : on a dit que j'étais un fou. Certains ont dit de toi que tu es un dingue. Et pourtant, j'ai eu, comme toi, des milliers de fans. Alors, accroche-toi et tu deviendras quelqu'un.» Pour Françoise Hardy, il est un génie de la chanson, et Jean-Jacques Debout ne place personne au-dessus de lui. Dalida conclut : «On ne parle pas de Charles Trenet. On l'écoute très respectueusement.» Je suis convaincu que si l'on interrogeait les représentants de la vraie chanson française d'aujourd'hui, les réponses seraient quasi identiques.

C'est également au milieu des années 60 que paraît le premier livre évoquant sa vie et son œuvre. Publié dans la collection « Poètes d'aujourd'hui », il est signé Michel Perez. Dans une correspondance adressée à Julot Verbeeck, Marie-Louise révèle qu'en réalité elle a totalement réécrit l'ouvrage, en se gardant bien de le signer, pour ne pas donner l'impression qu'il s'agissait d'une hagiographie. Je l'ignorais, et imagine ne pas être le seul.

Dans ces classeurs, figurent également des feuilles de papier pelure qui fleurent bon l'époque où l'on prenait le temps d'écrire à la plume ou au stylo à bille, des lettres sans faute d'orthographe, ni abréviation. Enfin, j'y ai répertorié des photos en noir et blanc, mais hautes en couleurs. « Mon Dieu que j'aime chanter pour ceux qui m'écoutent », écrit Charles au dos d'un cliché pris au cours d'un dîner à Bruxelles, en compagnie des membres du Club des Amis de Trenet. Un autre document le montre en train de jouer les hommes-sandwiches dans la rue, pour annoncer son récital au Palais des Beaux-Arts. Le sourire de bonheur qu'il affiche alors montre combien il affectionne la Belgique.

Et puis, il y a des mots manuscrits. Grâce à une grosse loupe, je suis parvenu à déchiffrer des débuts de texte qui n'ont jamais été achevés, mais aussi, ô surprise, un extrait de « La poule zazoue » écrit à Bruxelles en 1943, pendant le déjeuner qui a précédé l'enregistrement du 78 tours.

Il y a enfin le témoignage de Julot lui-même. En 1949, il a présenté, sur les ondes de la RNB (Radio Nationale de Belgique) une série d'émissions où il rend hommage à son ami français. La synthèse de ce qu'il raconte au fil des épisodes donne un portrait que l'on peut lire, 70 ans plus tard, sans changer une virgule...

« Charles Trenet est le sourcier d'une source auprès de laquelle ses collègues de la chanson passent vite et sans la voir.

Ceux qui lui ont reproché, en 1938, d'être un feu de paille se sont trompés. Ils n'ont pas su de quel charme ils allaient être les victimes. On l'a pris souvent pour un aimable plaisantin, un irrévérencieux collégien. Mais il est beaucoup plus que cela : un poète perdu dans les coulisses du music-hall. Il a une place de tout premier ordre dans la chanson d'aujourd'hui. Il y donne des images neuves sans aucune vulgarité, il reste poétique, même dans la loufoquerie. S'il est exact qu'il lance de la poudre aux yeux, il est le seul à connaître la boîte où il la puise. On ne rendra jamais assez justice à Charles Trenet que ses efforts ont placé au premier rang de la chanson. Ils lui ont donné des ailes, une vigueur de jeune animal sauvage, une fraîcheur d'enfant des bois. Il a su faire éclater poèmes et musiques dans le ciel. Avec des bouts rimés sans raison et des trouvailles sans prétention, il lui a rendu une pureté d'émotion et un lyrisme primesautier, qui ont un charme éternel. Son mérite est d'avoir compris que les hommes et les femmes d'aujourd'hui, comme celles et ceux de demain, sans doute, ont besoin de fantaisie, aussi débridée soit-elle. Sa fantaisie s'est trouvée assez dynamique pour nous réveiller alors que nous commencions à nous endormir au son des mirlitons. Troubadour de la chanson du XXe siècle, il est l'inventeur du romantisme moderne loufoque et tendre, authentiquement jeune et sain. Il est toujours resté le même avec, autour de lui, son cortège invisible et présent de lutins, d'étoiles folles, de doux petits villages roses et d'ombres affectueuses, celles des poètes d'un lointain passé qui, j'en suis convaincu, l'auraient aimé.»

Entre 1943 et 1999, les deux hommes se sont régulièrement retrouvés en Belgique et en France, en particulier à l'occasion de concerts historiques, dont Julot a souvent été l'organisateur : des rendez-vous avec le public dans les années 50/60, les adieux à Liège en 1976, le retour sur scène, à partir de 1987, grâce à Gilbert Rozon, et la tournée des 80 ans, en 1993, qui, bien entendu, est passée par Bruxelles.

Le 5 juillet 2000, Julot profite d'un séjour à Paris pour rendre visite à Charles, à Nogent-sur-Marne. Il sait, même s'il n'en parle pas, qu'il s'agit sans doute de leur ultime rencontre. Quelques semaines plus tôt, le « Fou chantant » a été victime d'une attaque cérébrale. Selon les médecins, ses chances de survie au-delà de quelques jours sont alors minimes. Mais son amour de la vie et une force de la nature hors du commun sont plus forts que la mort. Petit à petit, à 87 ans, il récupère l'usage de la parole et d'une partie de ses membres. Il marche désormais lentement, accepte qu'on le prenne par le bras, mais refuse toute autre forme d'aide. « Je ne veux pas de canne, je veux aller à Cannes », dit-il à Georges, son fidèle secrétaire depuis 1979. Un bras demeure paralysé, mais qu'importe : il fait comme si tout allait bien.

L'émotion est palpable à l'instant des retrouvailles entre ces deux amis qui se connaissent depuis 70 ans. « Il a du mal à se lever, écrit Julot dans un texte conservé dans ses archives. Son ton est faussement enjoué, l'élocution lente, mais le regard est là, rond comme sur les affiches, vif ou halluciné d'un instant à l'autre. Il me sourit comme il souriait à la fin d'une chanson triste. »

Charles raconte qu'il est rentré chez lui contre l'avis des médecins, qui l'avaient envoyé dans une maison de rééducation à Louveciennes, près de Paris. « Là-bas, je me fatiguais, parvient-il à dire. Ces maisons de repos ne sont pas du tout reposantes, et elles sont mal remboursées par la sécurité sociale ! » Julot en sourit intérieurement : « Il parle de la pingrerie de l'État alors que la SACEM vient de lui verser des droits d'auteur qui devraient lui permettre de s'offrir une pharmacie ! »

Charles poursuit. Il a le sentiment de se retrouver en prison : Ellis Island, Aix-en-Provence… Jamais deux sans trois, mais quand même ! « J'ai été obligé de signer une décharge pour avoir le droit de me prendre en charge, ajoute-t-il. J'en avais assez, je me rasais toute la journée. Maintenant, ici je me rase uniquement le matin. »

Je peux confirmer la réalité de ce calvaire, puisque j'ai eu à le gérer, en direct. Un après-midi, Georges m'appelle en me demandant de téléphoner à Charles. Il me donne sa ligne directe, dans sa chambre à Louveciennes. Charles décroche immédiatement, et me demande – ou plutôt me supplie – d'appeler son ami, Paul Lombard. Il est l'un des plus grands avocats de France, donc l'un des plus occupés. Dès la fin de mon coup de fil, Paul Lombard annule tous ses rendez-vous, et part à Louveciennes. On ne peut rien refuser à Charles, surtout dans ces moments-là.

Georges El Assidi en sait quelque chose. En 1979, il devient le chauffeur-secrétaire de Charles Trenet. Il va le rester jusqu'au bout. Il est aujourd'hui le légataire universel de son œuvre. Il accomplit désormais cette mission sous la forme d'une fondation. « Il est le fils inventé, le fidèle, celui qui rit et qui bouge quand Charles veut rire et bouger », écrit Julot à son propos. C'est ainsi que lorsque le poète annonce à l'ami belge son intention de partir le plus vite possible pour Aix-en-Provence, Georges acquiesce, même si, moralement, il craint que le voyage et la chaleur lui soient fatals. Charles précise qu'il prendra la voiture de sport rouge qu'il vient d'acheter sur catalogue, parce qu'il la trouvait jolie pour l'été. « Ce pauvre Georges n'en peut plus. Il passe ses journées à courir les garages », consigne Julot, dans le récit de cette journée. Il m'explique que c'est la troisième automobile qu'il achète en dix jours. Il ajoute que le matin même, Charles a décidé qu'il voulait pour le lendemain matin une BMW décapotable, parce que c'est l'idéal pour l'été. « Alors que nous avons des voitures partout ! Que veux-tu ? Ça le distrait », conclut Georges, ce collaborateur aussi fidèle que dévoué.

Ils vont ensuite déjeuner dans un restaurant chinois de Saint-Mandé, où Charles a ses habitudes. « En savourant une soupe aux vermicelles, accompagnée d'une bière chinoise, Charles dit et redit qu'il veut absolument retourner à Aix-en-

Provence, se souvient Julot. Je devine dans son regard qu'il pense : avant qu'il ne soit trop tard.» En le quittant, Julot l'embrasse et lui glisse à l'oreille : « J'ai été content de te voir marcher.» « Oui, lui répond Charles, du tac au tac : une marche funèbre.»

Le 28 septembre 2000, Julot téléphone à Charles, qui est encore à Aix-en-Provence. « Je te dérange, Charles, tu te reposes ?» « Non, c'est quand tu ne m'appelles pas que tu me déranges.» La voix semble fatiguée, mais l'esprit est intact : il a prévu de rentrer à Paris la semaine suivante, pour se rendre au Salon de l'Automobile. « Les voitures que j'ai achetées cet été sont trop mastoc, ça ne va pas du tout ! Je veux voir d'autres modèles.» « Pour aller où ? Trenet ne serait pas Trenet s'il n'achetait pas de voiture pour aller nulle part», conclut Julot. À plusieurs reprises, il a tenté d'aborder le sujet de sa santé. En vain. « Il ne m'a pas dit un mot sur ses souffrances physiques, sur les tourments de son âme. Il rit au lieu d'être mort. Histoire, une fois de plus, de ne rien faire comme tout le monde. Il a chanté nos jeunesses éblouies au bord de l'eau, nos folles amours, et pour finir, nos chagrins devant le feu qui s'éteint. Mais il a systématiquement refusé de parler de lui. Il a décidé de mourir en emportant ses secrets, nos dernières illusions, et ses larmes qui coulent parfois, à condition que personne ne le voie.»

Julot dit vrai. Quand un membre de sa famille ou un ami disparaissait, Charles en était immédiatement informé. Il ne disait rien, et s'enfermait dans son chagrin, sans l'œil du moindre témoin. Il refusait l'idée qu'on le prenne en flagrant délit de tristesse. Maître des horloges, il rendait hommage au défunt, quand il l'avait décidé. Il n'était pas question, alors, de montrer le moindre sentiment de tristesse. Il évoquait, en riant, le souvenir de moments heureux qu'il conserverait, jusqu'à la fin, dans un coin de son âme de poète.

Charles a donné son ultime concert le 6 décembre 1999 à la salle Pleyel. La salle était comble. En 1966, il avait déclaré à

Philippe Bouvard : « Un artiste ne se retire jamais, c'est le public qui se retire. » Il s'est définitivement retiré de notre « bonne planète » le 19 février 2001, dans une chambre de l'hôpital de Créteil. Il a alors rejoint ces étoiles qu'il a si souvent chantées. Comment vit-il son éternité ? Donne-t-il des concerts pour saint Pierre et les anges qui l'entourent ? A-t-il retrouvé le cher Charles Aznavour, qui l'avait baptisé le Roi et qu'il appelait le Prince, et ses autres vrais amis de toujours, à commencer par Julot ? Marie-Louise, disparue en 1979, est-elle devenue la « fondée de pouvoir » de sa vie éternelle ? Ont-ils à leurs côtés Antoine, mort en 1969, et Léone, qui a vécu jusqu'à 98 ans dans une maison de retraite payée par Charles ? Écrit-il de nouveaux couplets qui seront édités par l'annexe au Paradis des éditions Raoul Breton ? Lorsque ce dernier nous a quittés en 1959, parfaitement réconcilié avec Charles depuis des années, Gilbert Bécaud lui a rendu hommage en chantant « qu'elle est lourde à porter, l'absence de l'ami ! » Il aurait pu tenir le même propos à l'heure du départ de Charles, qui a construit une œuvre beaucoup moins légère que certains ne l'imaginent. Il suffit d'écouter attentivement ses chansons pour en mesurer le poids. Elles nous permettent de « garder quelques sourires pour se moquer des jours sans joie ». Il avait fait sienne cette devise, sortie, un jour, de son âme de poète. Notre devoir est de ne jamais l'oublier, et de la transmettre aux générations futures. Afin qu'elles la conservent dans un coin de leur cœur.

Comme les chansons de Charles Trenet. Longtemps, longtemps...

REMERCIEMENTS

Un immense merci à Madeleine Verbeeck
de m'avoir confié les vieilles photos de
la jeunesse de Julot, son mari,
ainsi que les billets, pas toujours doux,
qu'il échangeait avec Charles et sa mère.
Le souvenir de jours lointains qui méritent de
ne pas être oubliés dans le futur.
Merci à Eddy Despretz, parfait messager
de ces trésors.

Merci à Marc Pasteger, dont le flair légendaire
m'a mis sur la piste de Dimitri Kennes
et Géraldine Henry, à qui j'exprime
également ma gratitude.
Merci à Valérie Hebey de m'avoir aidé
à rétablir une vérité qui, à l'inverse de ce que
disait Trenet, ne sort pas toujours de
la bouche du métro.

Merci à Gérard Davoust de continuer
à défendre, avec passion,
des chansons qui demeurent plus
que jamais dans la note.

Merci à Georges El Assidi, légataire universel
de Charles Trenet, de dévouer sa vie à
la postérité de celui qu'il continue à servir,
après avoir passé 22 ans à ses côtés.

CHEZ LE MÊME ÉDITEUR

Mes arrêts sur image
Michel Lecomte — 2020

On m'appelle la Tornade
Adrien Devyver — 2020

Un monde en suspens
Barbara Abel
et François De Brigode — 2020

Les héros du coronavirus
Vincent Liévin — 2020

La masturbation ne rend pas sourd !
Daniel Brouillette — 2020

Les filles de A à Z
Catherine Girard-Audet — 2019

Grandir et faire grandir
Jean-Jacques Cloquet — 2019

L'épopée russe des Diables Rouges
Patrick Stein — 2018